Fausses Pensées, Souffrance Réelle

Comment Pensées Excessives, Anxiété Croyances Erreurs Tromper Retrouver Vérité

■■■

Alexander Wilson

Fausses Pensées, Souffrance Réelle

■ ΑΩ ■

Élargissez vos horizons littéraires et offrez le plaisir de la lecture : Découvrez un monde de livres captivants qui inspirent, éduquent et divertissent !

SOMMAIRE

PRÉFACE

Chère lectrice, cher lecteur,

Tout le monde est confronté à des défis dans la vie, et c'est la façon dont nous choisissons d'y réagir qui détermine notre bonheur et notre bien-être. Ce livre est un guide qui vous aidera à comprendre et à surmonter la souffrance, à puiser dans votre sagesse intérieure et à cultiver une vie plus aimante et plus épanouissante.

Dans la première partie, nous explorons la nature de la souffrance et en identifions les causes profondes, en révélant comment nos pensées et nos conditionnements jouent un rôle dans la formation de nos expériences. En reconnaissant les schémas de pensée négatifs et en surmontant les illusions, nous pouvons commencer à nous libérer du cycle de la souffrance.

Ensuite, nous approfondissons le concept de non-pensée et révélons les avantages qu'il y a à l'adopter. En éliminant les obstacles et en cultivant un état d'esprit de non-pensée, nous pouvons intégrer cette puissante pratique dans notre vie quotidienne et faire l'expérience d'une plus grande clarté et d'une plus grande paix.

Nous aborderons ensuite le pouvoir de transformation de l'amour inconditionnel. Vous apprendrez à surmonter les croyances limitantes sur l'amour, à le pratiquer dans vos relations et à l'étendre à vous-même. En cultivant une vie remplie d'amour, vous découvrirez un sens plus profond de la joie et de l'épanouissement.

Faire confiance à son intuition est un autre aspect essentiel du développement personnel, et nous explorerons son rôle dans la prise de décision. En reconnaissant la sagesse de l'intuition et en la cultivant comme un outil, vous apprendrez à faire confiance à votre guidance intérieure et à prendre des décisions en toute confiance.

Nous étudions également le concept des miracles et fournissons des conseils sur la manière de s'y ouvrir. En cultivant un état d'esprit miraculeux, en permettant aux miracles de se manifester dans votre vie et en les reconnaissant lorsqu'ils se produisent, vous éprouverez un plus grand sentiment d'émerveillement et de gratitude.

La sixième partie est consacrée à la lutte contre les habitudes et les comportements destructeurs. En les identifiant et en s'attaquant à leurs causes profondes, vous apprendrez des stratégies pour vous libérer des schémas néfastes et construire des habitudes positives qui vous permettront de mener une vie plus saine et plus heureuse.

Vivre pleinement le moment présent est un autre aspect essentiel du développement personnel, et nous explorerons le pouvoir de la pleine conscience et la manière de la cultiver dans la septième partie. En laissant tomber les soucis passés et futurs et en trouvant la joie dans le présent, vous découvrirez un plus grand sentiment d'épanouissement et de bonheur.

Enfin, dans la huitième partie, nous faisons le point sur le voyage et nous vous encourageons à continuer à grandir et à apprendre. En nourrissant votre conscience élargie, en incarnant les principes de la non-pensée et en créant un impact durable sur le monde, vous connaîtrez une vie plus riche et plus significative.

Ce livre est conçu pour être une lecture attrayante et stimulante, remplie de conseils pratiques, d'exemples et d'idées pour vous aider à relever les défis de la vie et à cultiver une existence plus satisfaisante. Je vous remercie de m'avoir accompagné dans ce voyage et j'espère que la sagesse contenue dans ces pages vous inspirera pour créer la vie que vous désirez.

Chaleureusement,

Alexander Wilson

1. Explorer la nature de la souffrance

> *"Nous sommes ce que nous pensons. Tout ce que nous sommes naît de nos pensées. C'est avec nos pensées que nous créons le monde". - Bouddha (vers 500 avant notre ère)*

La cause première de la souffrance est un concept profondément ancré dans de nombreuses traditions philosophiques et spirituelles, en particulier dans les enseignements du bouddhisme. Selon ces enseignements, la souffrance découle principalement d'une perception erronée de la réalité, qui conduit à l'attachement, à l'appétit et, en fin de compte, à l'insatisfaction.

Au cœur de cette perception erronée se trouve la croyance en un moi fixe et séparé, ou ego. Ce faux sentiment de soi se construit par l'identification à nos pensées, à nos émotions et à nos expériences, ce qui nous amène à nous percevoir comme des entités distinctes, séparées du monde qui nous entoure. Cette identification donne lieu à une recherche incessante de bonheur et de sécurité dans des circonstances extérieures, alors que nous tentons de protéger et de renforcer cette fragile construction de l'ego.

Malheureusement, le monde extérieur est intrinsèquement instable et impermanent, ce qui signifie que nos tentatives de trouver un bonheur durable par des moyens extérieurs sont vouées à l'échec. Quels que soient nos efforts, nous serons inévitablement confrontés à la perte, à la déception et à l'insatisfaction, qui engendrent à leur tour la souffrance.

En outre, notre croyance en un moi séparé crée une perspective dualiste, dans laquelle nous nous percevons comme étant en opposition avec le monde qui nous entoure. Cette pensée dualiste nous amène à évaluer et à juger constamment nos expériences, ce qui alimente encore davantage notre attachement et notre désir. Nous nous accrochons aux expériences que nous percevons comme agréables et désirables, et repoussons celles que nous percevons comme douloureuses ou indésirables. Ce cycle d'attachement et d'aversion crée un cercle  vicieux de souffrance, car nous sommes constamment à la recherche de plaisirs éphémères et essayons d'éviter la douleur inévitable.

Un autre aspect de la cause profonde de la souffrance est l'ignorance, ou le manque de compréhension de la véritable nature de la réalité. Lorsque nous ignorons la nature impermanente et interdépendante de toutes les choses, nous percevons le monde à travers une lentille déformée, ce qui conduit à la confusion, à l'incompréhension et à la souffrance. Par exemple, nous pouvons croire que le bonheur vient de l'acquisition de biens matériels, pour découvrir ensuite qu'ils ne procurent qu'un plaisir et une satisfaction temporaires. Ou encore, nous pouvons nous accrocher à un système de croyances ou à une idéologie, pour découvrir qu'ils sont inadéquats ou limitatifs face à la complexité et à la diversité du monde.

En fin de compte, la cause profonde de la souffrance est un manque de compréhension de la véritable nature du soi et du monde. Lorsque nous sommes capables de voir à travers l'illusion du moi séparé et de reconnaître la nature interconnectée et impermanente de toutes les choses, nous pouvons commencer à nous défaire de notre attachement et de nos désirs et trouver un sentiment plus profond de paix et d'accomplissement. Il n'est pas facile de parvenir à cette compréhension, mais c'est le but ultime de nombreuses traditions spirituelles et philosophiques, et c'est la clé pour surmonter la souffrance et cultiver une vie plus significative et plus épanouissante.

MISE EN PRATIQUE

(1) Remettre en question la croyance en un moi fixe et séparé. Exemple : Adoptez des pratiques de méditation axées sur l'observation de l'esprit et de ses pensées, sans vous identifier à elles. Par exemple, pratiquez la méditation de pleine conscience en vous asseyant tranquillement et en observant les pensées qui surgissent, en reconnaissant qu'elles ne sont pas l'essence de ce que vous êtes, mais plutôt des phénomènes passagers.

(2) Cultiver la conscience de l'attachement et de l'envie. Exemple : Réfléchissez à vos propres désirs et à l'attachement que vous portez à certains résultats. Observez comment ces attachements créent de la souffrance lorsqu'ils ne sont pas satisfaits. Prenez l'habitude de remettre en question vos désirs et d'évaluer s'ils sont vraiment nécessaires à votre bien-être et à votre bonheur.

(3) Développer une perspective non dualiste. Exemple : S'entraîner à voir l'interconnexion de tous les êtres et phénomènes. S'engager dans des actes de bonté et de compassion envers les autres afin de cultiver un sentiment d'unité et d'interconnexion. Réfléchir à la manière dont le bien-être des autres est lié au vôtre et à l'impact de vos actions sur le réseau plus vaste de l'existence.

(4) Cultiver la perspicacité et la compréhension. Exemple : Engagez-vous dans des études philosophiques et spirituelles pour approfondir

votre compréhension de la vraie nature de la réalité. Lisez des livres, assistez à des conférences ou participez à des groupes de discussion qui explorent des concepts tels que l'impermanence et l'interdépendance. Réfléchissez à la manière dont ces concepts s'appliquent à votre propre vie et à vos expériences.

(5) Se défaire de l'attachement et de l'envie. Exemple : Pratiquer le détachement en abandonnant les attentes et les résultats. Acceptez l'impermanence et le fait que tout change constamment dans la vie. Réfléchissez à la futilité de s'accrocher aux choses ou aux expériences et concentrez-vous plutôt sur le fait d'être pleinement présent dans l'instant présent.

(6) Chercher des conseils et du soutien. Exemple : Trouvez un coach, un mentor ou un enseignant spirituel qui puisse vous guider sur le chemin de la découverte et de la transformation de soi. Engagez des conversations ou des réunions régulières pour discuter de vos progrès, de vos défis et de vos idées. Profitez de leur sagesse et de leur expérience pour traverser les moments difficiles et approfondir votre compréhension de vous-même et du monde.

(7) Adoptez une pratique de gratitude. Exemple : Développez une pratique quotidienne de la gratitude afin de vous concentrer non plus sur ce qui vous manque, mais sur ce que vous appréciez dans la vie. Prenez quelques minutes chaque jour pour réfléchir et noter trois choses dont vous êtes reconnaissant. Cette pratique peut contribuer à cultiver un sentiment de satisfaction et à réduire la tendance à vouloir toujours plus ou à se sentir insatisfait de ce que l'on a.

(8) S'engager dans l'auto-réflexion et l'auto-enquête. Exemple : Consacrez régulièrement du temps à l'autoréflexion et à l'introspection. Posez-vous des questions significatives telles que "Qui suis-je au-delà de mes pensées et de mes émotions ?", "Quelles sont les valeurs qui comptent vraiment pour moi ?" ou "Quelle est ma contribution au monde ?". La tenue d'un journal peut être un outil utile pour explorer ces questions et mieux se connaître.

(9) Pratiquez l'acceptation et la non-résistance. Exemple : Lorsque vous êtes confronté à des situations difficiles ou à des émotions négatives, exercez-vous à les accepter comme faisant partie de l'expérience humaine. Cultivez une attitude de non-résistance, en

permettant à ces expériences d'aller et venir sans jugement ni attachement. Cette pratique peut contribuer à réduire la souffrance et à créer un espace de paix intérieure et de résilience.

(10) Favoriser un sentiment d'utilité et de sens. Exemple : Réfléchissez à vos passions, à vos talents et à vos valeurs pour identifier un but qui donne un sens à votre vie. Fixez-vous des objectifs qui correspondent à ce but et faites de petits pas vers leur réalisation. Participez à des activités qui vous procurent de la joie, de l'épanouissement et le sentiment de contribuer à quelque chose de plus grand que vous.

1.2. COMPRENDRE LA RELATION ENTRE LES PENSÉES ET LA SOUFFRANCE

"Les hommes ne sont pas troublés par les choses, mais par l'idée qu'ils s'en font." - Épictète

La relation entre les pensées et la souffrance est complexe, mais c'est un concept essentiel à saisir sur le chemin de la croissance spirituelle et de la transformation personnelle. À la base, cette relation est centrée sur l'idée que nos pensées peuvent créer de la souffrance, et qu'en apprenant à gérer et à maîtriser nos pensées, nous pouvons atténuer cette souffrance.

Nos pensées sont puissantes. Elles façonnent nos perceptions, influencent nos émotions et, en fin de compte, dictent nos expériences. Lorsque nous nous empêtrons dans des schémas de pensée négatifs, nous créons un cycle de souffrance qui peut sembler inéluctable. Ce cycle commence souvent par un événement ou une circonstance pénible, qui déclenche des pensées négatives. Ces pensées entraînent à leur tour des émotions douloureuses, qui renforcent les pensées négatives, perpétuant ainsi le cycle.

L'un des aspects essentiels de la compréhension de la relation entre les pensées et la souffrance est la reconnaissance du rôle des distorsions cognitives. Les distorsions cognitives sont des schémas de pensée inexacts ou exagérés qui peuvent fausser notre perception de la réalité et entraîner des souffrances inutiles. Parmi les exemples courants de distorsions cognitives, citons la pensée du tout ou rien, la surgénéralisation, le catastrophisme et la personnalisation. En prenant conscience de ces schémas de pensée, nous pouvons commencer à les remettre en question et à les recadrer, afin de réduire leur impact sur notre bien-être.

Un autre aspect important pour comprendre la relation entre les pensées et la souffrance est de reconnaître le rôle de nos croyances. Nos croyances sont la base sur laquelle se construisent nos pensées et les émotions qui en découlent. Lorsque nos croyances sont rigides ou irréalistes, elles peuvent contribuer au cycle de la souffrance. Par exemple, si nous croyons que nous devons toujours être parfaits, nous éprouverons inévitablement de la souffrance lorsque nous ne parviendrons pas à atteindre cette norme inaccessible. En examinant et en remettant en question nos croyances, nous pouvons identifier celles qui nous font souffrir et nous efforcer de les remplacer par des croyances plus constructives et valorisantes.

La méditation de pleine conscience est un outil puissant qui permet de mieux comprendre la relation entre les pensées et la souffrance. En pratiquant la pleine conscience, nous apprenons à observer nos pensées sans jugement ni attachement. Cette conscience sans jugement nous permet de reconnaître la nature transitoire de nos pensées et d'éviter de nous laisser entraîner dans le cycle de la souffrance. Grâce à une pratique régulière, nous pouvons cultiver une relation plus détachée avec nos pensées, nous libérer de leur emprise et réduire notre niveau général de souffrance.

Enfin, comprendre la relation entre les pensées et la souffrance nous permet de prendre le contrôle de notre bien-être mental et émotionnel. En reconnaissant le rôle que jouent nos pensées dans la création de la souffrance, nous pouvons cultiver un dialogue intérieur plus compatissant et plus perspicace. Cette compréhension nous permet de dépasser les croyances autolimitatives, de remettre en question les distorsions cognitives et de pratiquer la pleine conscience, ce qui conduit finalement à une vie plus équilibrée, plus paisible et plus satisfaisante.

MISE EN PRATIQUE

(1) Pratiquer la méditation de pleine conscience pour prendre connaissance de ses pensées : En consacrant quelques minutes par jour à la méditation de pleine conscience, les individus peuvent développer la capacité d'observer leurs pensées sans jugement ni attachement. Cette pratique permet de cultiver une relation plus détachée avec les pensées, ce qui réduit l'impact des schémas de pensée négatifs et diminue la souffrance générale. Par exemple, une personne souffrant d'anxiété peut réserver 10 minutes chaque matin pour s'asseoir dans un espace calme et se concentrer sur sa respiration, en observant toutes les pensées qui surgissent sans s'y attacher. Grâce à une pratique régulière, elle peut apprendre à se débarrasser de ses pensées anxieuses et éprouver un plus grand sentiment de calme et de paix.

(2) Remettre en question et recadrer les distorsions cognitives : En prenant conscience des distorsions cognitives courantes telles que la pensée du tout ou rien, la surgénéralisation, le catastrophisme et la personnalisation, les individus peuvent commencer à remettre en question et à recadrer ces schémas de pensée. Par exemple, si une personne a tendance à catastrophiser les situations et à toujours s'attendre à la pire issue, elle peut consciemment remettre en question ce schéma de pensée en se demandant s'il existe des preuves à l'appui de son raisonnement catastrophique. Elle peut ensuite recadrer sa pensée en envisageant des alternatives plus réalistes et plus positives. Ce processus permet de réduire les souffrances inutiles causées par des pensées déformées.

(3) Remettre en question et examiner les croyances : En remettant en question et en examinant nos croyances, les individus peuvent identifier celles qui contribuent à leur souffrance et s'efforcer de les remplacer par des croyances plus constructives et plus valorisantes. Par exemple, si une personne croit qu'elle doit toujours être parfaite pour être appréciée, elle peut remettre en question cette croyance en se demandant si elle est réaliste ou s'il existe d'autres façons de définir

sa valeur personnelle. En remplaçant cette croyance par une autre plus valorisante, comme la valorisation du développement personnel et l'apprentissage par l'erreur, les individus peuvent réduire la souffrance liée à la recherche constante d'une norme inatteignable.

(4) Cultiver un dialogue intérieur empreint de compassion : En reconnaissant le rôle que jouent nos pensées dans la création de la souffrance, les individus peuvent cultiver un dialogue intérieur plus compatissant et plus perspicace. Il s'agit d'être bienveillant et compréhensif envers soi-même, plutôt que de se livrer à l'autocritique ou de porter des jugements. Par exemple, si une personne commet une erreur, elle peut pratiquer l'autocompassion en reconnaissant son humanité et en s'offrant des mots d'encouragement et de soutien, plutôt que de se réprimander. Ce changement dans le dialogue intérieur peut conduire à une meilleure acceptation de soi et à une réduction de la souffrance générale.

(5) Chercher du soutien et des conseils : Comprendre la relation entre les pensées et la souffrance peut être un processus difficile. Chercher le soutien d'un thérapeute, d'un coach ou d'un ami de confiance peut apporter des conseils et une perspective précieux. Ces personnes peuvent aider à responsabiliser les individus par rapport à leurs actions, apporter soutien et encouragement, et offrir des perspectives pour aider à naviguer dans le voyage de transformation. Par exemple, une personne qui cherche à transformer sa relation avec ses pensées et à réduire sa souffrance peut trouver un thérapeute spécialisé dans la thérapie cognitivo-comportementale (TCC) ou dans les approches fondées sur la pleine conscience, qui la guidera et la soutiendra tout au long du processus.

1.3. LE RÔLE DU CONDITIONNEMENT DANS LA SOUFFRANCE

"Nous sommes plus souvent effrayés que blessés, et nous souffrons plus de l'imagination que de la réalité. - Sénèque

Le conditionnement joue un rôle important dans la formation de nos perceptions, de nos croyances et de nos expériences, contribuant souvent à notre souffrance. Pour comprendre le rôle du conditionnement dans la souffrance, il est essentiel de reconnaître comment nos expériences passées, les normes sociales et les attentes culturelles façonnent notre moment présent.

Notre cerveau est conçu pour apprendre de nos expériences, et le conditionnement est un processus naturel qui nous aide à nous adapter à notre environnement. Cependant, lorsque le conditionnement conduit à des schémas de pensée et de comportement négatifs, il peut créer un cycle de souffrance. Par exemple, une personne qui a grandi dans un foyer où les critiques étaient monnaie courante peut développer la croyance qu'elle n'est jamais assez bien. Cette croyance, renforcée au fil du temps, peut entraîner un doute chronique, une faible estime de soi et de l'anxiété.

En outre, le conditionnement sociétal et culturel peut contribuer à notre souffrance. Par exemple, la pression exercée pour se conformer aux attentes de la société en matière de beauté, de réussite et de bonheur peut engendrer des sentiments d'inadéquation et de honte. En outre, le conditionnement culturel peut perpétuer des stéréotypes et des préjugés néfastes, entraînant la discrimination, les préjugés et la souffrance des personnes marginalisées.

Heureusement, reconnaître le rôle du conditionnement dans notre souffrance est le premier pas vers la libération des schémas négatifs. En prenant conscience de nos réponses conditionnées, nous pouvons commencer à remettre en question leur validité et choisir d'autres façons de penser et de se comporter. Par exemple, une personne qui remarque qu'elle a l'habitude de s'autocritiquer peut pratiquer l'autocompassion, en recadrant son discours négatif par de la gentillesse et de la compréhension.

En outre, il est essentiel de s'attaquer aux causes profondes de notre conditionnement pour sortir du cycle de la souffrance. Cela peut impliquer d'explorer les expériences passées, d'identifier les croyances inconscientes et de remettre en question les normes sociétales et culturelles. Il peut également s'avérer nécessaire de rechercher le soutien d'un professionnel de la santé mentale ou de s'engager dans des pratiques telles que la pleine conscience, la méditation ou la thérapie cognitivo-comportementale.

Enfin, reconnaître le rôle du conditionnement dans notre souffrance peut nous permettre de prendre le contrôle de nos pensées, de nos émotions et de nos comportements. En recadrant nos réponses conditionnées et en nous attaquant aux causes profondes de notre souffrance, nous pouvons cultiver une vie plus compatissante et plus épanouissante.

MISE EN PRATIQUE

(1) Sensibiliser aux réponses conditionnées et remettre en question leur validité. Exemple : Remarquez les moments où vous vous surprenez à parler négativement de vous-même ou à vous autocritiquer. Faites une pause et demandez-vous si ces pensées sont fondées sur la réalité ou s'il s'agit de croyances conditionnées. Remettez en question leur validité et choisissez de les recadrer avec des pensées plus compatissantes et encourageantes.

(2) Pratiquez l'autocompassion au lieu de l'autocritique. Exemple : Chaque fois que vous vous sentez autocritique, changez consciemment d'état d'esprit pour adopter l'autocompassion. Traitez-vous avec gentillesse, compréhension et pardon. Rappelez-vous que personne n'est parfait et que les erreurs sont des occasions d'évoluer et d'apprendre.

(3) Explorer les expériences passées et identifier les croyances inconscientes. Exemple : Réfléchissez à votre éducation et à vos premières expériences pour découvrir tout conditionnement susceptible d'influencer vos croyances et vos comportements. Soyez attentif aux schémas récurrents ou aux croyances limitantes qui vous freinent. Une fois ces croyances identifiées, remettez-les consciemment en question et réévaluez-les afin d'en créer de nouvelles qui vous donneront plus de pouvoir.

(4) Remettre en question les normes sociétales et culturelles. Exemple : Remettre en question les attentes de la société en matière de beauté, de réussite et de bonheur. Reconnaître que ces normes

sont souvent arbitraires et irréalistes. Définissez vos propres valeurs et aspirations, à l'abri des pressions extérieures. Entourez-vous de personnes qui vous soutiennent et qui partagent les mêmes valeurs et les mêmes croyances.

(5) Demander l'aide d'un professionnel de la santé mentale. Exemple : Si vous avez du mal à vous libérer seul des schémas négatifs de conditionnement et de souffrance, envisagez de demander l'aide d'un professionnel de la santé mentale. Il peut vous fournir des conseils, des outils et des techniques pour surmonter les difficultés liées au conditionnement. Les séances de thérapie ou de conseil peuvent offrir un espace sûr pour l'exploration et la croissance.

(6) Pratiquer la pleine conscience, la méditation ou la thérapie cognitivo-comportementale. Exemple : Adopter des pratiques telles que la pleine conscience, la méditation ou la thérapie cognitivo-comportementale pour développer une meilleure conscience de soi et se libérer des réponses conditionnées. Ces pratiques peuvent aider à découvrir des croyances inconscientes et faciliter des changements positifs dans la pensée et le comportement. Trouvez des ressources ou des cours qui correspondent à vos préférences et intégrez-les à votre routine.

(7) Recadrer les réponses conditionnées et s'attaquer aux causes profondes de la souffrance. Exemple : Au lieu d'accepter les réponses conditionnées qui contribuent à la souffrance, recadrez-les consciemment. Identifiez les causes profondes de ces réactions, qu'il s'agisse d'expériences passées ou d'influences culturelles. Travaillez à la résolution ou à la guérison de ces causes pour créer un changement durable et cultiver une vie plus compatissante et plus épanouissante.

1.4. DÉCOUVRIR LES SCHÉMAS DE PENSÉE NÉGATIVE

"Nous ne pouvons rien changer tant que nous ne l'acceptons pas. La condamnation ne libère pas, elle opprime." - Carl Jung

Les pensées négatives découlent souvent de schémas profondément ancrés qui se renforcent au fil du temps. Ces schémas peuvent être si omniprésents qu'ils deviennent automatiques, façonnant nos perceptions et nos expériences sans que nous en ayons conscience. En découvrant ces schémas, nous pouvons commencer à les remettre en question et à les recadrer, ouvrant ainsi la voie à un bonheur et un bien-être accrus.

La première étape pour découvrir les schémas de pensée négatifs consiste à cultiver la conscience de soi. Pour cela, il faut prêter une attention particulière à nos pensées, à nos émotions et à nos sensations corporelles lorsqu'elles se manifestent. Grâce à des pratiques de pleine conscience telles que la méditation et la tenue d'un journal, nous pouvons développer une plus grande capacité à observer nos expériences intérieures sans jugement, ce qui nous permet d'identifier les thèmes et les schémas récurrents.

Une fois que nous avons pris conscience de nos schémas de pensée négatifs, il est important de comprendre d'où ils viennent. Souvent, ces schémas prennent racine dans des expériences passées, des besoins non satisfaits ou des croyances limitantes. En explorant les origines de nos pensées négatives, nous pouvons mieux comprendre les problèmes sous-jacents qui les alimentent, ce qui nous permet de les aborder directement.

Après avoir identifié et compris nos schémas de pensée négatifs, l'étape suivante consiste à les remettre en question et à les recadrer. Il s'agit d'examiner les preuves pour et contre ces pensées, de remettre en question leur validité et d'envisager d'autres perspectives. En recadrant nos pensées négatives sous un angle plus positif, nous pouvons commencer à changer notre état d'esprit et à créer de nouveaux schémas plus autonomes.

Il est également utile de cultiver un sentiment de compassion et d'acceptation de soi lorsque l'on s'efforce de mettre à jour ses schémas de pensée négatifs. Plutôt que de nous reprocher nos pensées, nous pouvons nous entraîner à nous traiter avec gentillesse

et compréhension, en reconnaissant que les pensées négatives sont une expérience humaine courante. Cette approche nous permet d'aborder nos pensées négatives avec curiosité et ouverture, plutôt qu'avec crainte et évitement.

Enfin, il est essentiel de faire preuve de constance et de patience dans la découverte de nos schémas de pensée négatifs. Changer des schémas de longue date demande du temps et des efforts, et il est important d'aborder ce travail avec un sentiment d'engagement et de dévouement. En pratiquant régulièrement la pleine conscience, la connaissance de soi et le dialogue positif avec soi-même, nous pouvons progressivement recâbler notre cerveau et créer de nouveaux schémas de pensée plus positifs.

En résumé, pour découvrir les schémas de pensée négatifs, il faut cultiver la conscience de soi, comprendre l'origine de ces schémas, les remettre en question et les recadrer, cultiver l'autocompassion et pratiquer la cohérence et la patience. En suivant ces étapes, nous pouvons devenir plus conscients de nos pensées et de leur impact sur notre vie, et commencer à créer de nouveaux schémas qui favorisent le bonheur, la résilience et le bien-être.

MISE EN PRATIQUE

(1) Cultiver la conscience de soi par des pratiques de pleine conscience telles que la méditation et la tenue d'un journal. Exemple : Prenez 10 minutes chaque matin pour vous asseoir et méditer tranquillement, en observant vos pensées et vos émotions sans porter de jugement. Notez toutes les pensées ou schémas négatifs récurrents qui apparaissent au cours de cette pratique.

(2) Explorez les origines de vos schémas de pensée négatifs en réfléchissant à vos expériences passées, à vos besoins non satisfaits ou à vos croyances limitantes. Exemple : Identifiez une pensée négative spécifique qui vous vient fréquemment à l'esprit. Réfléchissez aux expériences ou croyances passées qui ont pu contribuer à cette pensée, comme une critique d'un parent ou un échec passé.

(3) Remettez en question et recadrez vos pensées négatives en examinant les preuves pour et contre elles, en remettant en cause leur validité et en envisageant d'autres perspectives. Exemple : Si vous pensez souvent que vous n'êtes pas assez bon, remettez cette pensée

en question en énumérant les occasions où vous avez réussi ou reçu des commentaires positifs. Envisagez d'autres perspectives, par exemple en reconnaissant que tout le monde a des forces et des faiblesses.

(4) Cultivez l'autocompassion et entraînez-vous à vous traiter avec gentillesse et compréhension lorsque des pensées négatives surgissent. Exemple : Au lieu de vous critiquer pour une pensée négative, répondez par l'autocompassion en disant : "Il est normal d'avoir parfois des pensées négatives. Je fais de mon mieux, j'apprends et j'évolue."

(5) Faites preuve de constance et de patience pour découvrir et modifier vos schémas de pensée négatifs. Exemple : Réglez un rappel sur votre téléphone pour pratiquer la pleine conscience ou le dialogue positif avec vous-même à intervalles réguliers tout au long de la journée. Reconnaissez qu'il faut du temps pour changer les schémas de pensée et soyez patient avec vous-même pendant le processus.

1.5. VAINCRE LES ILLUSIONS DE LA SOUFFRANCE

"Rien ne peut vous nuire autant que vos propres pensées sans surveillance. - Bouddha

Une étape essentielle pour atteindre le bien-être émotionnel et spirituel consiste à reconnaître et à surmonter les illusions de la souffrance. Ce processus implique d'apprendre à identifier, reconnaître et libérer les fausses croyances et perceptions qui perpétuent l'expérience de la souffrance.

L'une des illusions les plus répandues est la croyance que la souffrance est un aspect inhérent à l'existence humaine et qu'elle est inévitable. De nombreuses personnes acceptent la souffrance comme faisant partie de la vie sans se rendre compte de sa nature transitoire, qui découle généralement de croyances limitatives ou d'attentes mal placées. Pour remettre en question cette illusion, il faut fondamentalement changer de perspective et comprendre que la souffrance n'est pas un aspect prédéterminé de la vie, mais plutôt un sous-produit de nos pensées et de notre conditionnement.

Encouragez le dialogue et l'introspection afin de recadrer leur compréhension de la souffrance et de se libérer de cette illusion débilitante.

Une autre illusion est la croyance que les circonstances extérieures sont la cause première de la souffrance. Cette perspective conduit souvent les individus à concentrer leurs efforts sur la modification des facteurs externes plutôt que de s'attaquer à la cause profonde de leur détresse émotionnelle. Une stratégie efficace pour dissiper cette croyance consiste à examiner le lien entre les pensées et les émotions. Encouragez les autres à analyser leurs schémas de pensée et leurs réactions émotionnelles aux situations, en insistant sur l'idée que leurs pensées sont les véritables moteurs de leurs états émotionnels. En inversant cette causalité, on peut apprendre à contrôler ses émotions et à atténuer la souffrance.

La culpabilité et l'auto-accusation tissent également un puissant réseau d'illusions qui peut prolonger et intensifier la souffrance. Lorsque les individus intériorisent leur douleur, ils créent souvent un récit selon lequel ils sont en quelque sorte responsables de la souffrance qu'ils éprouvent. Pour aider les autres à surmonter cette illusion, il faut promouvoir la compassion et le pardon comme éléments essentiels de la guérison. Encouragez-les à se traiter comme un ami de confiance, en favorisant la compréhension et l'acceptation plutôt que le jugement et la culpabilité.

Enfin, il est essentiel de lutter contre l'illusion de l'isolement, car de nombreuses personnes souffrent en silence, pensant qu'elles doivent affronter seules leurs troubles émotionnels. Rappelez-leur que tout être humain goûte à l'amertume de la souffrance à un moment ou à un autre de sa vie et que chercher le soutien des autres n'est pas un signe de faiblesse, mais une étape positive vers la guérison.

Encouragez-les à communiquer ouvertement avec leurs proches, à rejoindre des groupes de soutien ou à rechercher une aide professionnelle afin de favoriser les liens et de dissiper l'idée qu'ils doivent affronter leur douleur dans l'isolement.

En reconnaissant et en affrontant ces illusions de la souffrance, les individus peuvent cultiver une compréhension plus saine et plus autonome de leurs expériences émotionnelles. Grâce à cette nouvelle perspective, on peut finalement apprendre à transcender la souffrance, en laissant la place à la croissance, à l'amour et à la découverte de soi.

MISE EN PRATIQUE

(1) Encourager les individus à changer leur point de vue sur la souffrance : Aider les individus à remettre en question la croyance selon laquelle la souffrance est un aspect inhérent à l'existence humaine et les encourager plutôt à comprendre que la souffrance est un sous-produit de leurs pensées et de leur conditionnement. Exemple : Aidez les autres à recadrer leur compréhension de la souffrance en explorant l'idée qu'elle n'est pas un aspect inévitable de la vie. Encouragez-les à remettre en question leurs croyances et attentes limitatives et aidez-les à reconnaître que la souffrance n'est pas prédéterminée, mais plutôt le résultat de leur état d'esprit.

(2) Explorer le lien entre les pensées et les émotions : Guidez les individus pour qu'ils analysent leurs schémas de pensée et leurs réponses émotionnelles à différentes situations, en insistant sur l'idée que leurs pensées sont les véritables moteurs de leurs états émotionnels. Exemple : Aidez les autres à prendre conscience de la façon dont leurs pensées contribuent à leurs émotions. Aidez-les à identifier les schémas de pensée négatifs qui amplifient leur souffrance et travaillez avec eux pour développer des stratégies permettant de recadrer ces pensées d'une manière plus positive et responsabilisante.

(3) Promouvoir la compassion et le pardon : Encourager les individus à se traiter avec compassion et pardon, plutôt que d'intérioriser la culpabilité et l'auto-accusation. Exemple : Guidez vos amis pour qu'ils pratiquent l'autocompassion en se traitant comme ils le feraient avec un ami de confiance. Aidez-les à comprendre qu'ils ne sont pas

les seuls responsables de leur souffrance et que la guérison passe par le pardon et l'acceptation de soi.

(4) Aborder l'illusion de l'isolement : Rappelez aux personnes que la recherche du soutien des autres est une étape positive vers la guérison et dissipez l'idée qu'elles doivent faire face à leur douleur seules. Exemple : Encouragez les autres à tendre la main à leurs proches, à rejoindre des groupes de soutien ou à rechercher une aide professionnelle afin de créer des liens et de surmonter l'idée qu'ils sont isolés dans leur souffrance. Aidez-les à comprendre que le fait de chercher du soutien est un signe de force et non de faiblesse.

(5) En appliquant ces mesures pratiques, les individus peuvent commencer à surmonter les illusions de la souffrance et à cultiver une compréhension plus saine et plus autonome de leurs expériences émotionnelles.

2. Le pouvoir de la non-pensée

2.1. LE CONCEPT DE NON-PENSÉE

"Nous devons apprendre à nous réveiller et à nous maintenir éveillés, non pas par des aides mécaniques, mais par une attente infinie de l'aube". - Henry David Thoreau

La non-pensée est un concept enraciné dans la philosophie orientale, en particulier dans le bouddhisme zen et le taoïsme. Elle est souvent perçue à tort comme un état d'insouciance ou de passivité, mais il s'agit en réalité d'une pratique profonde qui encourage la présence, la clarté et la spontanéité. La non-pensée ne consiste pas à supprimer les pensées ou à vider l'esprit, mais plutôt à abandonner la tendance habituelle à analyser, juger et étiqueter chaque expérience.

Dans notre vie quotidienne, nous sommes constamment bombardés de pensées, d'idées et de distractions, ce qui peut entraîner un encombrement mental et un sentiment d'accablement. Lorsque nous pratiquons la non-pensée, nous permettons à notre esprit de se reposer dans un état de conscience sans se laisser happer par le bavardage mental. Cette pratique peut nous aider à accéder à des niveaux plus profonds d'intuition, de perspicacité et de sagesse qui sont souvent obscurcis par le bruit incessant de nos pensées.

La non-pensée implique également de cultiver un sens de la curiosité et de l'ouverture au moment présent. Plutôt que d'imposer nos idées préconçues ou nos attentes à une situation, nous l'abordons avec un regard neuf et un esprit de débutant. Cela nous permet de nous engager pleinement dans le monde qui nous entoure et d'y répondre de manière plus authentique et spontanée.

Un autre aspect de la non-pensée est la reconnaissance du fait que nos pensées et nos émotions sont transitoires et ne reflètent pas nécessairement notre véritable personnalité. Lorsque nous nous identifions trop à nos pensées et à nos sentiments, nous pouvons facilement nous enfermer dans des schémas de négativité et de souffrance. En pratiquant la non-pensée, nous pouvons apprendre à nous détacher de nos processus mentaux et à les observer sans porter de jugement. Cela peut nous aider à développer une plus grande résilience émotionnelle et une plus grande flexibilité psychologique, car nous ne sommes plus à la merci de nos pensées et de nos sentiments.

En résumé, la non-pensée est une pratique puissante qui peut nous aider à cultiver la présence, la clarté et la spontanéité. En abandonnant notre tendance habituelle à analyser, juger et étiqueter chaque expérience, nous pouvons accéder à des niveaux plus profonds d'intuition, de perspicacité et de sagesse. La non-pensée implique également de cultiver un sens de la curiosité et de l'ouverture au moment présent, ce qui nous permet de nous engager pleinement dans le monde qui nous entoure et d'y répondre de manière plus authentique et spontanée. En nous détachant de nos processus mentaux et en les observant sans porter de jugement, nous pouvons développer une plus grande résilience émotionnelle et une plus grande flexibilité psychologique. La non-pensée ne consiste pas à supprimer les pensées ou à vider l'esprit, mais plutôt à créer une relation plus équilibrée et harmonieuse avec nos pensées et nos émotions.

MISE EN PRATIQUE

(1) Pratiquez la non-pensée en prenant intentionnellement des moments de calme et de silence tout au long de la journée. Par exemple, réservez cinq minutes chaque matin pour vous asseoir tranquillement et observer vos pensées sans vous y attacher. Cela peut contribuer à créer un sentiment de calme et de clarté avant de commencer la journée.

(2) Cultivez la curiosité et l'ouverture en abordant les nouvelles situations avec un esprit de débutant. Au lieu de vous fier à des notions ou à des attentes préconçues, permettez-vous d'être pleinement présent et d'observer sans porter de jugement. Par exemple, lorsque vous rencontrez quelqu'un de nouveau, résistez à l'envie de faire des suppositions et posez plutôt des questions ouvertes pour en savoir plus sur cette personne.

(3) Développez votre résilience émotionnelle en prenant conscience de vos pensées et de vos sentiments sans porter de jugement. Lorsque vous vous sentez envahi par des émotions négatives, prenez un peu de recul et observez-les sans les juger ni essayer de les supprimer. Par exemple, si vous vous sentez en colère, au lieu de réagir impulsivement, prenez quelques respirations profondes et choisissez consciemment de réagir d'une manière qui corresponde à vos valeurs.

(4) Favorisez la spontanéité en profitant de l'instant présent et en vous autorisant à vous engager pleinement dans ce que vous faites. Plutôt que de planifier et d'analyser en permanence, donnez-vous la permission de laisser tomber vos attentes et de vous ouvrir aux possibilités de chaque instant. Par exemple, au cours d'un projet

créatif, autorisez-vous à explorer de nouvelles idées et à prendre des risques sans vous soucier de la perfection ou du jugement.

(5) Développez une pratique quotidienne de la pleine conscience pour cultiver la présence et la clarté. Réservez un temps spécifique chaque jour pour vous livrer à des activités de pleine conscience telles que la méditation, la tenue d'un journal ou les mouvements de pleine conscience. Cela peut vous aider à entraîner votre esprit à être plus à l'écoute du moment présent et moins pris par les distractions et le désordre mental. Exemple : Au cours d'une journée de travail stressante, vous prenez une pause de cinq minutes pour pratiquer la non-pensée. Vous trouvez un endroit calme, vous vous asseyez confortablement et vous vous concentrez sur votre respiration. Lorsque des pensées surgissent, vous les observez sans vous y laisser prendre et ramenez doucement votre attention sur votre respiration. Cette pratique vous aide à créer un sentiment de clarté mentale et de calme, ce qui vous permet d'aborder vos tâches avec plus de concentration et d'efficacité.

2.2. LES AVANTAGES DE LA NON-PENSÉE

"Nous ne cesserons jamais d'explorer, et la fin de toutes nos explorations sera d'arriver là où nous sommes partis et de connaître l'endroit pour la première fois." - T.S. Eliot

L'adoption de la non-pensée permet aux individus de transcender leurs idées préconçues, leurs constructions mentales et leurs préjugés cognitifs, ce qui favorise un sentiment accru de conscience et de clarté. La non-pensée invite à passer des schémas de pensée habituels à un état de conscience ouvert et réceptif, ce qui procure de nombreux avantages psychologiques, émotionnels et spirituels.

L'un des principaux avantages de l'adoption de la non-pensée est l'amélioration des capacités de résolution des problèmes. Lorsque l'on s'enferme dans des schémas de pensée répétitifs, il devient difficile de reconnaître des solutions et des perspectives innovantes. La non-pensée permet aux individus de contourner les limites de la pensée conditionnée, ce qui permet aux idées créatives de faire surface et favorise la pensée latérale, la flexibilité mentale et l'adaptabilité.

L'adoption d'un état d'esprit de non-pensée a également pour avantage d'accroître la résilience émotionnelle et le bien-être. Le bavardage mental amplifie souvent les émotions négatives, telles que la peur, la colère et la tristesse. En se détachant des pensées et en se concentrant sur le présent, les individus peuvent développer des réponses émotionnelles plus saines, réduire la réactivité émotionnelle et favoriser l'intelligence émotionnelle. En outre, la non-pensée favorise la réduction du stress, car la relaxation de l'esprit atténue l'anxiété, la tension et l'inquiétude, ce qui favorise la paix intérieure et le contentement.

Dans le domaine de la découverte de soi et du développement personnel, l'adoption de la non-pensée permet aux individus de se connecter à leur moi authentique. En dépassant les distractions des schémas de pensée incessants, on peut accéder à son intuition, à sa sagesse intérieure et à sa créativité inhérente. Cette conscience accrue de soi encourage l'autoréflexion, l'introspection et l'autocompassion, ce qui aide les individus à renforcer leur sentiment d'identité et d'utilité.

En outre, l'adoption de la non-pensée renforce les relations interpersonnelles en améliorant la communication et l'empathie. Lorsqu'ils ne sont pas préoccupés par leur dialogue interne, les individus peuvent s'engager plus pleinement avec les autres, en se mettant à l'écoute de leurs émotions, de leurs besoins et de leurs points de vue. L'écoute active et la présence dans l'instant approfondissent les liens et favorisent des relations plus saines et plus significatives.

Enfin, la non-pensée favorise la croissance spirituelle en encourageant une connexion plus profonde avec l'univers et la place que l'on y occupe. En apaisant l'esprit, les individus peuvent accéder à un état de transcendance et d'unité, en dépassant le moi et en faisant l'expérience de l'unité avec tous les êtres. Cette conscience spirituelle accrue favorise la compassion, la gratitude et un profond sentiment d'interconnexion, enrichissant ainsi la qualité de vie globale de chacun.

En résumé, l'adoption de la non-pensée offre une myriade d'avantages, notamment une meilleure capacité à résoudre les problèmes, une résilience émotionnelle accrue, une meilleure découverte de soi, des relations interpersonnelles plus profondes et un développement spirituel favorisé. En cultivant un état d'esprit de non-pensée, les individus peuvent puiser dans leur sagesse innée, répondre plus efficacement aux défis de la vie et, en fin de compte, mener une vie plus épanouie.

MISE EN PRATIQUE

(1) Pratiquer la pleine conscience et les techniques de méditation pour calmer l'esprit et cultiver un état d'esprit de non-pensée. Exemple : Réservez 10 minutes chaque matin pour vous asseoir dans un espace calme et vous concentrer sur votre respiration. Lorsque des pensées surgissent, reconnaissez-les et laissez-les partir, en ramenant votre attention sur votre respiration. Au fil du temps, cette pratique vous aidera à développer un état d'esprit de non-pensée et à accroître la pleine conscience dans votre vie quotidienne.

(2) Remettez en question vos idées préconçues et vos préjugés cognitifs afin d'accroître votre prise de conscience et votre clarté. Exemple : Chaque fois que vous faites des suppositions ou que vous portez des jugements, faites une pause et demandez-vous pourquoi vous avez ces croyances. Sont-elles fondées sur des preuves ou sur des préjugés personnels ? En remettant en question vos idées préconçues, vous pouvez élargir votre perspective et faire preuve d'une plus grande ouverture d'esprit.

(3) Participez à des activités créatives qui favorisent la pensée latérale et la flexibilité mentale. Exemple : Pratiquez un passe-temps comme la peinture, l'écriture ou la pratique d'un instrument de musique. Ces

activités vous obligent à sortir des sentiers battus et peuvent vous aider à développer de nouvelles façons d'aborder les problèmes et de trouver des solutions innovantes.

(4) Pratiquez l'intelligence émotionnelle en vous détachant de vos pensées et en vous concentrant sur le moment présent. Exemple : Lorsque vous êtes confronté à une situation difficile qui déclenche des émotions négatives, prenez le temps de vous arrêter et d'observer vos pensées sans les juger. En vous concentrant sur le moment présent et en vous détachant de vos pensées, vous pouvez réagir à la situation avec un esprit plus calme et plus rationnel.

(5) Améliorez la communication et l'empathie en pratiquant l'écoute active et en étant pleinement présent dans vos interactions avec les autres. Exemple : Au cours d'une conversation, faites un effort conscient pour écouter attentivement votre interlocuteur sans l'interrompre ou planifier votre réponse. Faites preuve d'empathie en reconnaissant leurs émotions et en validant leur point de vue. Cela renforcera vos liens avec les autres et favorisera des relations plus saines.

(6) Prenez le temps de l'introspection et de la réflexion pour vous connecter à votre moi authentique et cultiver un sentiment d'identité plus fort. Exemple : Réservez quelques minutes par jour pour rédiger un journal ou pour vous livrer à une introspection silencieuse. Posez-vous des questions telles que "Quelles sont les valeurs les plus importantes pour moi ?" ou "Qu'est-ce qui m'apporte de la joie et de l'épanouissement ?" Cette pratique introspective vous aidera à clarifier vos véritables désirs et aspirations.

(7) Cultiver un sentiment de gratitude et d'interconnexion par des pratiques quotidiennes telles que l'expression de la gratitude, le contact avec la nature ou les actes de gentillesse. Exemple : Tenez un journal de gratitude et notez chaque jour trois choses pour lesquelles vous êtes reconnaissant. Faites des promenades dans la nature et appréciez la beauté qui vous entoure. Réalisez des actes de bonté au hasard, par exemple en aidant un étranger ou en consacrant du temps à une cause qui en vaut la peine. Ces pratiques renforceront votre sentiment d'interconnexion et favoriseront votre croissance spirituelle.

(8) En mettant en œuvre ces mesures concrètes, les individus peuvent adopter la non-pensée et ressentir les avantages d'une meilleure capacité à résoudre les problèmes, d'une résilience émotionnelle accrue, d'une meilleure découverte de soi, de relations interpersonnelles plus profondes et d'une croissance spirituelle favorisée dans leur vie de tous les jours.

2.3. LEVER LES OBSTACLES À LA NON-PENSÉE

"Nous ne pouvons pas résoudre nos problèmes en pensant de la même manière que nous les avons créés." - Albert Einstein

La non-pensée est un état d'esprit puissant qui permet aux individus de puiser dans leur sagesse intuitive et d'expérimenter la vie d'une manière plus présente et plus paisible. Cependant, de nombreux obstacles peuvent nous empêcher d'adopter pleinement cet état d'esprit. En reconnaissant ces obstacles et en y remédiant, nous pouvons éliminer les barrières qui nous empêchent de profiter des avantages de la non-pensée.

L'un des principaux obstacles à la non-pensée est le bavardage constant de l'esprit. Nos pensées se bousculent souvent à un rythme effréné, ce qui rend difficile la recherche de moments de calme et d'apaisement. Pour surmonter cet obstacle, il est essentiel de pratiquer la pleine conscience et la méditation, qui peuvent aider à calmer l'esprit et à prendre conscience du moment présent. En s'adonnant régulièrement à ces pratiques, on peut cultiver un état d'esprit plus apaisé et créer de l'espace pour que l'intuition et la sagesse intérieure se manifestent.

Un autre obstacle à la non-pensée est la tendance à s'attacher à nos pensées et à nos croyances. Nous nous accrochons souvent à nos idées et à nos opinions comme s'il s'agissait de vérités absolues, ce qui peut limiter notre capacité à voir les choses sous un angle différent et nous empêcher d'adopter la non-pensée. Pour surmonter cet obstacle, nous pouvons nous entraîner à nous défaire de notre attachement à nos pensées et à nos croyances, en reconnaissant qu'elles ne sont que des constructions mentales et non des vérités absolues. En cultivant un état d'esprit plus ouvert et plus souple, nous pouvons créer l'espace nécessaire à l'émergence de nouvelles perspectives et idées.

En outre, la peur et le doute peuvent également constituer des obstacles importants à la non-pensée. Lorsque nous avons peur ou que nous sommes dans l'incertitude, nous avons souvent recours à la réflexion et à l'analyse pour reprendre le contrôle et éviter l'inconfort. Cependant, cette approche peut entraîner davantage de stress et d'anxiété et nous empêcher d'adopter pleinement la non-pensée. Pour surmonter cet obstacle, il est essentiel de pratiquer la confiance et la foi en nous-mêmes et en l'univers. En cultivant un sentiment de paix intérieure et de confiance, nous pouvons nous libérer de la peur et du doute et permettre à la non-pensée d'émerger naturellement.

En outre, les distractions et les bruits extérieurs peuvent également interférer avec notre capacité à adopter la non-pensée. Dans le monde d'aujourd'hui, où tout va très vite, il est facile de se laisser submerger par le flot constant de stimuli et d'informations. Pour surmonter cet obstacle, il est important de créer un environnement calme et paisible, à l'abri des distractions et du bruit, dans lequel nous pouvons pratiquer la non-pensée. Il peut s'agir de désigner un espace spécifique à la maison ou au bureau pour la pratique de la non-pensée, d'éteindre les appareils électroniques et de s'adonner à des activités qui favorisent la relaxation et l'immobilité.

Enfin, la croyance selon laquelle nous devons toujours être productifs et accomplir des choses peut également constituer un obstacle important à la non-pensée. Dans notre culture, l'accent est souvent mis sur l'action et l'accomplissement, ce qui peut rendre difficile la priorisation de la non-pensée ou la perception de sa valeur. Pour surmonter cet obstacle, nous devons reconnaître l'importance du calme et du non-faire et considérer la non-pensée comme une forme précieuse de productivité à part entière. En recadrant notre perspective sur la productivité et en considérant la non-pensée comme un élément nécessaire de notre bien-être, nous pouvons lever ce dernier obstacle et profiter pleinement des avantages de la non-pensée.

MISE EN PRATIQUE

(1) Pratiquez la pleine conscience et la méditation pour calmer votre esprit et cultiver un état d'esprit de non-pensée. Par exemple, réservez 10 minutes par jour pour vous asseoir en méditation et vous concentrer sur votre respiration, en laissant les pensées aller et venir sans jugement ni attachement.

(2) Laissez tomber l'attachement aux pensées et aux croyances en reconnaissant qu'il s'agit de constructions mentales et non de vérités absolues. Par exemple, lorsque vous rencontrez une opinion différente, faites une pause et essayez de voir les choses de leur point de vue, sans défendre immédiatement vos propres croyances.

(3) Cultivez la confiance et la foi en vous et en l'univers pour surmonter la peur et le doute. Par exemple, écrivez des affirmations ou des déclarations positives qui renforcent votre paix intérieure et votre confiance, et lisez-les à haute voix chaque matin.

(4) Créez un environnement calme et paisible pour pratiquer la non-pensée. Par exemple, désignez une pièce ou un coin spécifique de votre maison comme un espace calme pour la méditation et la réflexion, et supprimez toute distraction telle que les appareils électroniques ou le bruit.

(5) Recadrez votre perspective de la productivité pour reconnaître la valeur de la non-pensée. Par exemple, prévoyez des pauses régulières tout au long de la journée pour des moments de calme et de réflexion, et considérez ces moments comme nécessaires à votre bien-être général, plutôt que comme du temps perdu.

(6) Pratiquez la pleine conscience et la méditation pour calmer votre esprit et cultiver un état d'esprit de non-pensée. Par exemple, réservez 10 minutes par jour pour vous asseoir en méditation et vous concentrer sur votre respiration, en laissant les pensées aller et venir sans jugement ni attachement. Imaginez une personne dont l'esprit est occupé et encombré, constamment préoccupée par le passé et

l'avenir. Elle décide d'intégrer la pleine conscience et la méditation dans sa routine quotidienne. Elle programme un rappel sur son téléphone pour 10 minutes de méditation tranquille le matin avant de commencer sa journée. Ils s'assoient dans une position confortable, ferment les yeux et se concentrent sur leur respiration. Ils reconnaissent les pensées qui surgissent, mais ne s'y attachent pas et ne les jugent pas. Progressivement, ils remarquent que leur esprit devient plus calme et tranquille, créant ainsi un espace pour que la sagesse intuitive puisse se manifester tout au long de la journée.

(7) Laissez tomber l'attachement aux pensées et aux croyances en reconnaissant qu'il s'agit de constructions mentales et non de vérités absolues. Par exemple, lorsque vous rencontrez une opinion différente, faites une pause et essayez de voir les choses de leur point de vue, sans défendre immédiatement vos propres convictions. Imaginez une personne engagée dans une discussion animée avec un ami qui a une opinion politique différente de la sienne. Au lieu d'argumenter et de défendre immédiatement ses propres convictions, elle fait une pause et écoute activement le point de vue de son ami. Elle reconnaît que ses convictions ne sont pas des vérités absolues et que l'argumentation de l'autre personne peut présenter des points valables. Ils posent des questions pour mieux comprendre et envisagent la possibilité d'élargir leur propre point de vue. En se détachant de ses croyances, il crée un espace d'ouverture d'esprit et de développement de sa pensée.

2.4. CULTIVER UN ÉTAT D'ESPRIT DE NON-PENSÉE

"Plus vous devenez silencieux, plus vous pouvez entendre. - Ram Dass

Pour cultiver un état d'esprit de non-pensée, il faut créer activement de l'espace dans l'esprit en calmant le bavardage interne et en permettant aux pensées de surgir et de s'évanouir sans attachement. Cette pratique permet une connexion plus profonde avec le moment présent et un plus grand sentiment de paix intérieure.

La pratique de la méditation est l'un des moyens de cultiver un état d'esprit de non-pensée. Dans la méditation, l'accent est mis sur la respiration et sur l'abandon de toutes les pensées qui surgissent, sans jugement. Cette pratique peut s'avérer difficile au début, car l'esprit est habitué à analyser et à traiter des informations en permanence. Cependant, avec une pratique régulière, la capacité à entrer dans un état de non-pensée devient plus naturelle et sans effort.

Un autre outil utile pour cultiver un état d'esprit de non-pensée est la pleine conscience. Il s'agit d'être pleinement présent et engagé dans le moment présent, sans jugement. Elle peut être pratiquée dans n'importe quelle activité, comme se promener ou faire la vaisselle. En s'immergeant totalement dans le moment présent, l'esprit est capable de laisser tomber les regrets du passé et les angoisses de l'avenir et d'être simplement présent.

Outre la méditation et la pleine conscience, il est possible de favoriser un état d'esprit de non-pensée en pratiquant le non-attachement. Il s'agit de ne pas s'attacher excessivement à des résultats ou à des désirs spécifiques, mais de laisser les événements se dérouler naturellement. Ce concept peut être difficile à saisir au début, car nous sommes souvent conditionnés à croire que nous devons contrôler et manipuler les circonstances afin d'atteindre nos objectifs. Cependant, lorsque nous abandonnons notre attachement à des résultats spécifiques, nous nous ouvrons à de nouvelles possibilités et opportunités que nous n'aurions peut-être pas envisagées autrement.

Il est important de se rappeler que la non-pensée n'est pas la même chose que l'absence de pensée. Il s'agit plutôt de la capacité à calmer l'esprit et à entrer dans un état de paix intérieure et de calme. Cela ne signifie pas que nous ne devrions jamais nous engager dans une réflexion critique ou dans la résolution de problèmes. Cela signifie plutôt que nous ne devons pas laisser nos pensées nous contrôler et nous causer des souffrances inutiles. En cultivant un état

d'esprit de non-pensée, nous pouvons puiser dans un sens plus profond de sagesse et d'intuition et vivre une vie plus épanouie et plus paisible.

(1) Pratiquer régulièrement la méditation pour cultiver un état d'esprit de non-pensée. Exemple : Réservez 10 minutes chaque matin pour vous asseoir en silence et vous concentrer sur votre respiration. Laissez passer toutes les pensées qui surgissent, sans jugement ni attachement. Avec le temps, cette pratique vous aidera à développer votre capacité à calmer votre esprit et à ressentir une paix intérieure tout au long de la journée.

(2) Incorporez la pleine conscience dans les activités quotidiennes pour favoriser un état d'esprit de non-pensée. Exemple : Pendant que vous faites la vaisselle, immergez-vous complètement dans la tâche à accomplir. Prêtez attention aux sensations de l'eau, au toucher de la vaisselle et au bruit des ustensiles. En étant pleinement présent dans l'instant et en laissant tomber toute distraction ou inquiétude, vous pouvez cultiver un état de non-pensée et trouver un sentiment de paix et de clarté.

(3) Pratiquez le non-attachement en abandonnant des résultats ou des désirs spécifiques. Exemple : Au lieu d'être obsédé par une promotion ou une opportunité d'emploi particulière, concentrez-vous sur le fait de faire de votre mieux dans votre rôle actuel et faites confiance aux bonnes opportunités qui se présenteront à vous. En vous libérant de l'attachement à des résultats spécifiques, vous vous ouvrez à de nouvelles possibilités et vous pouvez aborder la vie avec plus d'aisance et de souplesse.

(4) Reconnaître la différence entre la non-réflexion et la réflexion critique. Exemple : Lorsque vous êtes confronté à un problème ou à une décision, vous devez faire preuve d'esprit critique pour analyser la situation et peser le pour et le contre. Cependant, une fois que vous avez pris en compte toutes les informations nécessaires, lâchez prise et faites confiance à votre intuition pour vous guider. Cet équilibre entre la réflexion et la non-pensée permet une plus grande clarté et une prise de décision efficace.

(5) Cultiver un sentiment de paix intérieure et de tranquillité en prenant soin de soi. Exemple : Donnez la priorité aux activités qui vous procurent de la joie et vous aident à vous détendre, comme lire, prendre un bain ou passer du temps dans la nature. En prenant soin de vous régulièrement et en créant un espace de calme, vous pouvez cultiver un état d'esprit de non-pensée et ressentir plus de paix et de bonheur dans votre vie quotidienne.

(6) Demandez l'aide ou le soutien d'un coach ou d'un mentor pour approfondir votre pratique de la non-pensée. Exemple : Travaillez avec un coach spécialisé dans la pleine conscience ou la méditation afin de recevoir des conseils personnalisés et des techniques pour cultiver un état d'esprit de non-pensée. Des séances régulières et un soutien vous permettront d'approfondir votre pratique et de surmonter les obstacles ou les défis qui se présentent.

2.5. INTÉGRER LA NON-PENSÉE DANS LA VIE QUOTIDIENNE

> *"Que vous pensiez que vous pouvez ou que vous pensez que vous ne pouvez pas, vous avez raison. - Henry Ford*

L'adoption du concept de non-pensée peut avoir un impact profond sur votre vie quotidienne, en favorisant un sentiment plus profond de paix intérieure et de satisfaction. Pour intégrer efficacement la non-pensée dans votre routine quotidienne, envisagez les pratiques et stratégies suivantes.

1. La méditation : L'intégration d'une pratique régulière de la méditation dans votre vie quotidienne est fondamentale pour cultiver un état d'esprit de non-pensée. La méditation non réflexive vous encourage à être présent, à observer vos pensées sans les juger et à créer un espace permettant à la véritable sagesse intérieure d'émerger. Consacrez au moins 10 à 20 minutes par

jour à cette pratique, en augmentant progressivement la durée au fur et à mesure que vous vous sentez plus à l'aise.

2. La pleine conscience : Les activités de pleine conscience favorisent le sentiment d'être présent dans l'instant, un aspect essentiel de la non-pensée. Des actions simples comme se concentrer sur sa respiration, savourer consciemment sa nourriture ou s'engager pleinement dans ses tâches quotidiennes avec une attention totale peuvent vous aider à développer cette compétence et à intégrer la non-pensée dans divers aspects de votre vie quotidienne.

3. Travail sur la respiration : Les techniques de respiration consciente sont des outils puissants pour calmer l'esprit et réduire l'anxiété. Des techniques telles que la respiration en boîte, la respiration alternée et la respiration diaphragmatique peuvent favoriser la relaxation et faciliter la non-pensée. En intégrant des exercices de respiration réguliers à votre routine quotidienne, vous pouvez renforcer votre capacité à accéder à cet état mental paisible à volonté.

4. Le mouvement et l'exercice : La pratique d'activités physiques telles que le yoga, le tai-chi, le qigong ou même la marche peut vous aider à ancrer votre esprit dans le moment présent. En concentrant votre attention sur les sensations et les mouvements de votre corps, vous pouvez cultiver une connexion plus profonde avec votre moi intérieur et faciliter un état d'esprit de non-pensée.

5. Limiter les distractions : Minimiser les distractions externes, comme le temps excessif passé devant un écran ou la consommation de médias sociaux, peut contribuer à créer un environnement propice à la non-pensée. Se réserver consciemment des périodes pour se déconnecter de la technologie et s'engager dans des activités qui favorisent l'autoréflexion et l'introspection peut améliorer votre capacité à intégrer la non-pensée dans votre vie quotidienne.

6. Pratiquer l'acceptation : L'acceptation est un élément essentiel de la non-pensée. En cultivant un sentiment d'acceptation du moment présent et en renonçant au besoin de contrôler ou de changer les circonstances, vous pouvez entrer dans un état d'esprit de non-pensée. Cette pratique de l'abandon développe la résilience intérieure, le contentement et favorise le bien-être mental.

7. Pauses quotidiennes de non-pensée : Incorporez de courts intervalles de non-pensée tout au long de votre journée, par exemple, pendant les pauses au travail, les trajets ou lorsque vous faites la queue. Profitez-en pour vous concentrer sur votre respiration, observer votre environnement ou simplement laisser votre esprit se reposer dans le calme. En pratiquant régulièrement ces pauses de non-pensée, vous entraînez votre esprit à accéder à cet état plus facilement et plus régulièrement.

En pratiquant l'intégration de la non-pensée dans divers aspects de votre vie quotidienne, vous pourrez ressentir un plus grand sentiment de paix intérieure, de conscience de soi et de clarté. En intégrant la non-pensée dans votre routine, vous créez un espace de croissance et de transformation.

MISE EN PRATIQUE

(1) Consacrez au moins 10 à 20 minutes par jour à la pratique de la méditation. Exemple : Réservez 15 minutes chaque matin pour vous asseoir dans un espace calme et vous concentrer sur votre respiration. Observez vos pensées sans les juger et laissez-les passer, créant ainsi un espace pour que la sagesse intérieure émerge.

(2) Participez à des activités de pleine conscience tout au long de la journée. Exemple : Lorsque vous prenez vos repas, prenez le temps de savourer chaque bouchée et d'en apprécier pleinement les saveurs et les textures. Soyez pleinement présent dans l'instant, en vous concentrant uniquement sur l'acte de manger, sans aucune distraction.

(3) Incorporez des exercices de respiration dans votre routine quotidienne. Exemple : Pratiquez la respiration en boîte pendant 5 minutes chaque soir avant de vous coucher. Inspirez en comptant jusqu'à 4, maintenez cette position pendant 4, expirez pendant 4 et maintenez cette position pendant 4 à nouveau. Cette technique permet de calmer l'esprit et de favoriser la relaxation.

(4) Pratiquez des activités physiques qui ancrent votre esprit dans le moment présent. Exemple : Inscrivez-vous à un cours de yoga hebdomadaire et consacrez une heure à pratiquer différentes poses et à vous concentrer sur votre respiration. En vous connectant à votre

corps et en étant pleinement présent dans vos mouvements, vous pouvez cultiver un état d'esprit de non-pensée.

(5) Réserver des périodes désignées pour se déconnecter de la technologie et s'engager dans une réflexion personnelle. Exemple : Choisissez un soir par semaine pour éteindre votre téléphone et consacrer du temps à des activités qui favorisent l'autoréflexion, comme la tenue d'un journal ou une longue promenade dans la nature. Utilisez ce temps pour calmer votre esprit et vous connecter à votre moi intérieur.

(6) Cultiver l'acceptation du moment présent et renoncer au besoin de contrôle. Exemple : Lorsque vous êtes confronté à une situation difficile, rappelez-vous d'accepter les circonstances telles qu'elles sont et de renoncer au désir de les changer ou de les contrôler. Entraînez-vous à vous abandonner au moment présent et à avoir confiance dans le fait que tout se déroule comme il se doit.

(7) Incorporez de courts intervalles de pauses de non-réflexion tout au long de la journée. Exemple : Pendant votre pause déjeuner, trouvez un endroit calme pour vous asseoir et concentrez-vous sur votre respiration pendant 5 minutes. Laissez votre esprit se reposer dans le calme et observez les sensations de votre corps. En faisant régulièrement ces pauses, vous entraînez votre esprit à accéder plus facilement à un état de non-pensée.

3. Embrasser l'amour inconditionnel

3.1. COMPRENDRE LE POUVOIR DE L'AMOUR INCONDITIONNEL

> "L'amour, ce n'est pas seulement se regarder, c'est regarder dans la même direction. - Antoine de Saint-Exupéry

L'amour inconditionnel est une force puissante qui a le potentiel de transformer nos vies et nos relations. Il s'agit d'un amour qui ne repose pas sur des conditions, des attentes ou des jugements, mais plutôt sur une acceptation et une appréciation inébranlables des autres pour ce qu'ils sont. Dans ce chapitre, nous allons explorer le pouvoir de l'amour inconditionnel et son rôle dans la création de relations épanouissantes et significatives.

Au fond, l'amour inconditionnel est un amour libre de tout attachement et de toute attente. C'est un amour qui ne cherche pas à changer ou à contrôler l'autre personne, mais plutôt à la soutenir et à la nourrir telle qu'elle est. Lorsque nous pratiquons l'amour inconditionnel, nous sommes capables de voir la valeur inhérente des autres, indépendamment de leurs défauts ou imperfections. Nous sommes capables de faire preuve de gentillesse, de compassion et d'empathie sans porter de jugement, et nous sommes capables de cultiver un sens profond de la connexion et de l'intimité.

Les avantages de l'amour inconditionnel sont nombreux. La recherche a montré que l'amour inconditionnel peut améliorer notre bien-être mental et émotionnel, réduire le stress et l'anxiété et augmenter notre résilience et nos capacités d'adaptation. Il peut également améliorer nos relations en favorisant la confiance, la communication et la sécurité émotionnelle.

Pour exploiter pleinement le pouvoir de l'amour inconditionnel, nous devons surmonter nos croyances limitatives au sujet de l'amour. Ces croyances peuvent inclure l'idée que l'amour est rare ou qu'il doit être mérité, ou encore que nous ne sommes pas dignes d'être aimés. En remettant en question ces croyances et en recadrant nos pensées, nous pouvons nous ouvrir à la possibilité de faire l'expérience de l'amour inconditionnel sous toutes ses formes.

Pratiquer l'amour inconditionnel dans les relations peut être un défi, mais c'est aussi incroyablement gratifiant. Il faut être prêt à être vulnérable, à écouter avec un cœur ouvert et à communiquer avec honnêteté et compassion. Il faut également s'engager à faire preuve d'amour et de gentillesse envers soi-même et envers les autres. Cela signifie qu'il faut cultiver la conscience de soi, l'auto-compassion et le soin de soi, afin de pouvoir se montrer pleinement et authentiquement dans nos relations.

En fin de compte, l'amour inconditionnel est un choix. C'est une décision de voir ce qu'il y a de meilleur chez les autres, de faire preuve de gentillesse et de compassion, et de cultiver un sens profond de la connexion et de l'intimité. En choisissant de pratiquer l'amour inconditionnel, nous pouvons créer un monde plus aimant, plus compatissant et plus épanouissant.

(1) Remettez en question les croyances limitatives sur l'amour : Identifiez et remettez en question les croyances que vous avez sur l'amour et qui pourraient vous empêcher de vivre l'amour inconditionnel. Par exemple, si vous pensez que l'amour doit être mérité, rappelez-vous que l'amour est donné et reçu librement, sans conditions. Prenez un moment pour réfléchir à vos croyances sur l'amour. Notez toutes les croyances limitatives qui vous viennent à l'esprit, telles que "L'amour est réservé à ceux qui le méritent". Ensuite, remettez en question ces croyances en apportant des preuves qui les contredisent. Par exemple, pensez à des cas où vous avez reçu de l'amour inconditionnellement, que vous vous sentiez méritant ou non.

(2) Cultiver la conscience de soi et l'autocompassion : Prenez le temps de vous comprendre et de vous accepter, y compris vos défauts et vos imperfections. Pratiquez l'autocompassion en vous traitant avec gentillesse, compréhension et pardon. Exemple : Réservez chaque jour un moment spécifique à l'introspection. Pendant ce temps, réfléchissez à vos pensées, vos sentiments et vos actions sans vous juger. Rappelez-vous qu'il est normal d'avoir des défauts et des imperfections, et que cela ne vous rend pas moins digne d'amour. Traitez-vous avec compassion en vous parlant gentiment et en vous adonnant à des activités de soins personnels qui vous apportent joie et réconfort.

(3) Pratiquez la vulnérabilité dans vos relations : Ouvrez-vous et acceptez d'être vulnérable avec les autres. Partagez vos pensées, vos sentiments et vos expériences avec authenticité, sans craindre d'être jugé ou rejeté. Exemple : Prenez un moment pour réfléchir à une relation dans laquelle vous vous êtes retenu par peur de la vulnérabilité. Choisissez une personne sûre et de confiance et exprimez honnêtement vos sentiments et vos pensées. Entraînez-vous à être ouvert et vulnérable, même si cela vous met mal à l'aise

au début. Remarquez comment cette volonté d'être vulnérable renforce la profondeur et l'intimité de votre relation.

(4) Faire preuve de gentillesse et de compassion à l'égard des autres : Faire un effort conscient pour traiter les autres avec gentillesse, empathie et compréhension, indépendamment de leurs défauts ou imperfections. Exemple : Pratiquez des actes de gentillesse envers des inconnus ou des connaissances. Tenir la porte à quelqu'un, complimenter un collègue sur son travail ou offrir une oreille attentive à un ami dans le besoin. Faites preuve d'une empathie et d'une compréhension authentiques envers les autres, même si vous n'êtes pas d'accord avec leurs actions ou leurs choix.

(5) Favoriser la confiance, la communication et la sécurité émotionnelle dans les relations : Créez un environnement propice à la confiance dans vos relations. Favorisez une communication ouverte et honnête et donnez la priorité à la sécurité émotionnelle en créant un espace où les autres peuvent s'exprimer sans porter de jugement et en les soutenant. Exemple : Dans une relation proche, engagez une conversation sur la confiance et la sécurité émotionnelle. Faites part de votre désir d'établir une base de confiance et demandez des commentaires sur la façon dont vous pouvez créer un espace où l'autre personne se sent en sécurité pour exprimer ses pensées et ses émotions. Mettez en œuvre les suggestions et pratiquez activement une communication ouverte et sans jugement dans vos interactions.

(6) Ces conseils pratiques peuvent vous aider à cultiver et à pratiquer l'amour inconditionnel dans votre vie et dans vos relations. En remettant en question les croyances limitantes, en cultivant la conscience de soi et la compassion, en pratiquant la vulnérabilité, en faisant preuve de gentillesse et en favorisant la confiance et la communication, vous pouvez créer un monde plus aimant et plus épanouissant pour vous-même et pour ceux qui vous entourent.

3.2. SURMONTER LES CROYANCES LIMITATIVES CONCERNANT L'AMOUR

"Nous sommes façonnés par ce que nous aimons.
- Johann Wolfgang von Goethe

Les croyances limitatives sur l'amour peuvent créer des barrières importantes dans nos vies, nous empêchant de vivre des connexions authentiques et un profond épanouissement. Ces croyances découlent souvent d'expériences passées, du conditionnement sociétal et de modèles familiaux, ce qui nous amène à percevoir l'amour à travers une lentille déformée. En reconnaissant et en remettant en question ces limitations, nous pouvons ouvrir la voie à un amour inconditionnel et à des relations plus saines.

Tout d'abord, il est essentiel d'identifier les croyances limitantes qui peuvent entraver votre capacité à aimer et à être aimé inconditionnellement. Vous pouvez y parvenir par l'introspection, la rédaction d'un journal ou des conversations thérapeutiques. Voici

quelques exemples courants de croyances limitatives : "Je ne suis pas digne d'être aimé", "L'amour conduit toujours à la douleur" ou "Je dois changer qui je suis pour être aimé". Une fois ces croyances identifiées, il est essentiel de reconnaître leur présence sans les juger et de comprendre qu'elles ne définissent pas votre valeur intrinsèque ou votre potentiel d'amour.

Ensuite, remettez en question la validité de vos croyances limitatives en examinant les preuves pour et contre elles. Souvent, nous constatons que nos croyances sont fondées sur des incidents isolés ou des mythes culturels plutôt que sur des vérités universelles. En évaluant de manière critique le fondement de ces croyances, nous pouvons commencer à démanteler le pouvoir qu'elles exercent sur notre vie. Engagez un processus de restructuration cognitive, en remplaçant les pensées néfastes par des pensées plus positives et valorisantes. Par exemple, reformulez la phrase "Je ne suis pas digne d'être aimé" en "Je mérite d'être aimé et d'être en contact avec les autres tel que je suis".

La pratique de l'autocompassion et de l'amour de soi est également essentielle pour surmonter les croyances limitatives en matière d'amour. Lorsque nous cultivons un fort sentiment d'estime de soi, nous sommes mieux équipés pour attirer et maintenir des relations saines. Prenez soin de vous au quotidien, pratiquez des activités qui vous procurent de la joie et faites des affirmations pour renforcer votre amour-propre. Cette base d'acceptation de soi vous aidera à reconnaître que vous méritez l'amour, quels que soient les défauts ou les lacunes que vous percevez.

Une autre stratégie pour surmonter les croyances limitatives sur l'amour consiste à rechercher activement de nouvelles expériences qui remettent en question ces croyances. Entourez-vous de personnes qui vous soutiennent et qui modèlent des relations saines, faites des actes de gentillesse envers les autres et ouvrez-vous à la vulnérabilité dans vos relations. Ces expériences peuvent apporter des preuves qui contredisent vos croyances limitatives, vous permettant de redéfinir votre compréhension de l'amour et de ses possibilités.

Enfin, la croissance et l'apprentissage constants sont des éléments essentiels pour surmonter les croyances limitatives sur l'amour. Restez informé sur la dynamique des relations, les techniques de communication et les limites saines en lisant des ouvrages, en participant à des ateliers ou en suivant une thérapie. En continuant à développer vos connaissances et vos outils, vous serez de mieux en mieux équipé pour naviguer dans les complexités de l'amour et cultiver les relations que vous désirez. Rappelez-vous que l'amour inconditionnel est un voyage permanent et que l'engagement à progresser est la clé d'une transformation durable.

MISE EN PRATIQUE

(1) Identifiez et remettez en question les croyances limitatives sur l'amour par l'introspection et l'autoréflexion. Prenez chaque jour le temps de réfléchir à vos croyances sur l'amour et d'identifier les pensées ou croyances limitantes qui vous freinent. Notez-les dans un journal et demandez-vous pourquoi vous avez ces croyances. Sont-elles fondées sur des expériences passées ou sur le conditionnement

de la société ? Remettez en question ces croyances en vous interrogeant sur leur validité et en explorant d'autres perspectives. Par exemple, si vous pensez que l'amour conduit toujours à la souffrance, remettez cette croyance en question en cherchant des exemples de relations saines et épanouissantes dans votre vie ou dans les médias.

(2) Entreprendre une restructuration cognitive pour remplacer les croyances limitantes par des pensées valorisantes. Exemple : Chaque fois que vous vous surprenez à penser à une croyance limitative telle que "Je ne suis pas digne d'être aimé", reformulez consciemment cette croyance en une pensée plus positive et valorisante telle que "Je suis digne d'être aimé et capable de créer des liens significatifs". Répétez cette nouvelle pensée à vous-même chaque fois que la croyance limitante apparaît et, avec le temps, elle s'ancrera dans votre mentalité.

(3) Pratiquez l'autocompassion et l'amour de soi pour développer une forte estime de soi. Exemple : Intégrez des activités de soin de soi dans votre routine quotidienne, comme prendre un bain relaxant, faire une promenade dans la nature ou pratiquer la pleine conscience. En outre, pratiquez des affirmations qui renforcent votre amour de soi et vous rappellent que vous êtes intrinsèquement digne d'être aimé. Par exemple, répétez des affirmations telles que "Je suis assez" ou "Je mérite l'amour et le bonheur" tout au long de la journée.

(4) Recherchez de nouvelles expériences qui remettent en question vos croyances limitatives sur l'amour. Exemple : Faites l'effort de vous entourer de personnes qui ont des relations saines et épanouissantes. Observez leurs comportements et leurs attitudes à l'égard de l'amour et inspirez-vous de leurs exemples positifs. Engagez-vous aussi activement dans des actes de gentillesse et de vulnérabilité dans vos relations avec les autres. Ces expériences peuvent apporter des preuves qui contredisent vos croyances limitatives et vous ouvrir à de nouvelles possibilités en matière d'amour.

(5) Renseignez-vous en permanence sur les relations, les techniques de communication et les limites à ne pas franchir. Exemple : Lisez des livres ou participez à des ateliers sur la dynamique des relations, la communication efficace et l'établissement de limites saines. Tenez-vous au courant des dernières recherches et des conseils d'experts dans

le domaine de l'amour et des relations. Appliquez ces connaissances à vos propres relations et faites les ajustements nécessaires pour favoriser des relations plus saines.

(6) Rappelez-vous que surmonter les croyances limitatives sur l'amour est un voyage qui demande des efforts et de l'engagement. En intégrant ces mesures concrètes dans votre vie quotidienne, vous pouvez progressivement transformer vos croyances et faire l'expérience de relations plus authentiques et plus épanouissantes.

3.3. PRATIQUER L'AMOUR INCONDITIONNEL DANS LES RELATIONS

"L'amour n'est pas un simple sentiment. C'est un service fervent et efficace." - William Ellery Channing

Pratiquer l'amour inconditionnel dans les relations peut apporter une guérison et une croissance profondes pour les deux personnes impliquées. En adoptant ce concept, nous pouvons créer des liens plus profonds et favoriser un monde plus compatissant. L'amour inconditionnel ne consiste pas à attendre la perfection de nous-mêmes ou des autres ; il s'agit plutôt d'aimer pleinement et de tout cœur, indépendamment des défauts ou des imperfections.

La première étape de la pratique de l'amour inconditionnel consiste à cultiver l'empathie et la compréhension. Cela implique d'écouter activement nos proches sans les juger et d'essayer de voir les choses de leur point de vue. En reconnaissant et en validant leurs sentiments, nous créons un espace sûr et favorable à une communication ouverte. En cas de conflit, le fait d'aborder la situation avec empathie et compassion peut nous aider à naviguer plus facilement et à trouver des solutions qui profitent à toutes les personnes impliquées.

Un autre aspect essentiel de la pratique de l'amour inconditionnel est l'établissement de limites saines. Bien que cela puisse sembler contradictoire, fixer des limites est un acte de soin de soi et de respect à la fois pour nous-mêmes et pour nos partenaires. En communiquant nos besoins clairement et avec assurance, nous jetons les bases d'une relation équilibrée et harmonieuse. Les limites nous protègent également contre l'exploitation ou l'abus, qui peuvent conduire au ressentiment et à la distance émotionnelle.

Le pardon est également une composante essentielle de la pratique de l'amour inconditionnel dans les relations. S'accrocher à la rancune et au ressentiment ne sert qu'à créer des émotions toxiques et à nous empêcher d'aimer pleinement les autres et de nous lier à eux. En libérant les blessures du passé et en choisissant le pardon, nous nous libérons du fardeau de la négativité et nous nous ouvrons à la guérison et à la croissance. Il ne s'agit pas nécessairement d'oublier ou d'approuver des actions blessantes, mais plutôt de décider de laisser aller la douleur et d'aller de l'avant avec un cœur ouvert.

Pratiquer la gratitude et exprimer son appréciation est un autre moyen puissant de cultiver l'amour inconditionnel dans les relations. Reconnaître régulièrement les qualités et les contributions positives de nos proches favorise le sentiment d'appartenance et renforce le lien qui nous unit. En nous concentrant sur les aspects positifs de nos relations et en les remerciant, nous créons une boucle de rétroaction positive qui  encourage des interactions plus affectueuses et plus positives.

Enfin, la pratique de l'amour inconditionnel exige des efforts et un dévouement constants. Il est important de se rappeler que les relations sont dynamiques et en constante évolution, et qu'elles nécessitent une attention et des soins continus. En travaillant activement sur nous-mêmes, en recherchant la croissance personnelle et en restant ouverts à l'apprentissage, nous pouvons continuellement approfondir notre capacité à aimer inconditionnellement. Ce faisant, non seulement nous enrichissons notre propre vie, mais nous inspirons également ceux qui nous entourent à faire de même, contribuant ainsi à un monde plus aimant et plus compatissant.

(1) Cultiver l'empathie et la compréhension : écouter activement les proches sans les juger et essayer de voir les choses de leur point de vue. Exemple : Lors d'une discussion avec votre partenaire, pratiquez l'écoute active en lui accordant toute votre attention, en vous abstenant de tout jugement et en répétant ce qu'il a dit pour vous assurer qu'il a bien compris.

(2) Fixez des limites saines : communiquez vos besoins clairement et avec assurance afin d'établir une relation équilibrée et harmonieuse. Exemple : Faites connaître à votre partenaire vos limites personnelles en matière d'espace et de solitude, en veillant à ce que vous respectiez tous deux les besoins de l'autre.

(3) Pratiquez le pardon : libérez les blessures du passé et choisissez le pardon pour vous libérer de la négativité et vous ouvrir à la guérison et à la croissance. Exemple : Si un être cher vous a fait du mal, faites un effort conscient pour laisser tomber le ressentiment et vous concentrer sur le rétablissement de la confiance par le biais du pardon et d'une communication ouverte.

(4) Cultivez la gratitude et exprimez votre appréciation : reconnaissez régulièrement les qualités et les contributions positives de vos proches. Exemple : Chaque jour, prenez un moment pour exprimer votre gratitude à votre partenaire pour quelque chose qu'il a fait et qui vous a fait sentir aimé ou soutenu.

(5) Travaillez constamment sur vous-même : recherchez activement le développement personnel et restez ouvert à l'apprentissage pour approfondir votre capacité à aimer inconditionnellement. Exemple : Engagez-vous dans une réflexion sur vous-même et recherchez activement des opportunités de développement personnel, en participant à des ateliers ou en lisant des livres de développement personnel, afin d'améliorer votre capacité à aimer inconditionnellement et à être un meilleur partenaire.

3.4. S'AIMER SOI-MÊME DE MANIÈRE INCONDITIONNELLE

"Aimez-vous d'abord et tout le reste suivra. Il faut vraiment s'aimer soi-même pour réussir quoi que ce soit dans ce monde." - Lucille Ball

Apprendre à s'embrasser et à s'aimer inconditionnellement est un aspect crucial de l'épanouissement personnel et du bien-être. L'amour inconditionnel est une forme d'affection illimitée et acceptante qui transcende les limites et les attentes. C'est le genre d'amour qui reconnaît à la fois nos forces et nos faiblesses, offrant acceptation et compassion sans jugement.

Les personnes qui pratiquent l'amour de soi donnent la priorité à leur santé émotionnelle, mentale et physique. Elles ont tendance à avoir une meilleure estime d'elles-mêmes et de leur valeur, et sont plus résilientes face à l'adversité. En outre, cultiver l'amour de soi permet aux individus de se fixer des limites saines, de poursuivre leurs passions et d'établir des liens significatifs avec les autres.

Une stratégie efficace pour se donner un amour inconditionnel à soi-même consiste à pratiquer l'autocompassion. L'autocompassion consiste à se traiter avec gentillesse, compréhension et pardon dans les moments difficiles, plutôt que de s'autocritiquer sévèrement ou d'éprouver de la honte. Lorsque l'on est confronté à des revers ou à des échecs personnels, au lieu d'avoir recours à un discours négatif sur soi-même, on peut recadrer la situation en reconnaissant que les imperfections et les luttes font naturellement partie de l'expérience humaine.

Une autre pratique essentielle est le soin de soi. Prendre soin de soi signifie donner la priorité à des activités qui nourrissent et rajeunissent le corps et l'esprit. L'autothérapie peut englober un large éventail de pratiques, telles que le maintien d'une alimentation équilibrée, la pratique régulière d'une activité physique, l'exercice de la pleine conscience et la pratique de loisirs créatifs. En faisant de l'autosoin une partie intégrante de votre vie quotidienne, vous vous montrez à vous-même que

vous méritez de l'amour, des soins et de l'attention.

La pleine conscience et la conscience de soi sont des outils essentiels pour développer l'amour de soi. En cultivant une pratique quotidienne de la pleine conscience, les individus peuvent mieux comprendre leurs pensées, leurs émotions et leurs besoins. Grâce à cette meilleure connaissance de soi, on peut apprendre à reconnaître les schémas de croyances autolimitatives et les comportements néfastes, ce qui permet de créer de nouveaux schémas de pensée aimants et encourageants.

La tenue d'un journal est une autre pratique précieuse pour favoriser l'amour de soi. Écrire sur ses pensées, ses sentiments et ses expériences peut aider les individus à gagner en clarté et à mieux comprendre leur monde intérieur. En tenant régulièrement un journal, les individus peuvent apprendre à exprimer leur gratitude, à se pardonner et à célébrer leurs réussites.

Enfin, les affirmations peuvent être un outil puissant pour renforcer l'amour de soi. Les affirmations sont des déclarations positives qui sont répétées régulièrement et qui visent à créer de nouvelles croyances et de nouveaux schémas de pensée. En intégrant des affirmations positives dans leur routine quotidienne, les individus peuvent progressivement passer d'un état d'esprit d'autocritique et de doute à un état d'esprit d'amour de soi et d'acceptation. Voici quelques exemples d'affirmations sur l'amour de soi : "Je suis digne d'amour et de respect", "Je me suffis à moi-même" et "Je mérite le bonheur et la joie".

En résumé, l'amour inconditionnel envers soi-même implique de pratiquer l'autocompassion, de prendre soin de soi, de cultiver la pleine conscience et la connaissance de soi, de tenir un journal et de répéter des affirmations positives. En adoptant ces pratiques, les individus peuvent apprendre à embrasser leur être tout entier et à cultiver un amour profond et durable pour eux-mêmes. Cet amour retrouvé constitue une base solide pour le développement personnel, la guérison et l'abondance, permettant aux individus de créer des vies guidées par la joie, l'épanouissement et le but.

(1) Pratiquer l'autocompassion : Se traiter avec gentillesse, compréhension et pardon dans les moments difficiles, plutôt que d'avoir recours à un discours négatif ou à l'autocritique. Exemple : Au lieu de s'en vouloir d'avoir commis une erreur au travail, reconnaître que les erreurs font naturellement partie du processus d'apprentissage et s'offrir des mots d'encouragement et de compréhension.

(2) Prendre soin de soi : Donnez la priorité aux activités qui nourrissent et rajeunissent le corps et l'esprit, telles qu'une alimentation équilibrée, un exercice physique régulier, la pratique de la pleine conscience et les loisirs créatifs. Exemple : Réservez du temps chaque semaine pour vous adonner à des activités qui vous apportent joie et détente, comme prendre un long bain, lire un livre ou faire une promenade dans la nature.

(3) Cultiver la pleine conscience et la connaissance de soi : Développer une pratique quotidienne de la pleine conscience pour mieux comprendre les pensées, les émotions et les besoins. Reconnaître les schémas de croyances autolimitatives et les comportements nuisibles, et créer de nouveaux schémas de pensée aimants et encourageants. Exemple : Réservez quelques minutes chaque matin pour vous livrer à une méditation de pleine conscience, en vous concentrant sur votre respiration et en observant vos pensées et vos émotions sans porter de jugement.

(4) Journal : Écrire sur ses pensées, ses sentiments et ses expériences pour gagner en clarté et en compréhension du monde intérieur. Exprimez votre gratitude, pratiquez le pardon de soi et célébrez vos réalisations. Exemple : Tenez un journal de gratitude et écrivez chaque jour trois choses dont vous êtes reconnaissant, en réfléchissant aux aspects positifs de votre vie et en reconnaissant vos propres forces et réalisations.

(5) Répétez des affirmations positives : Incorporez régulièrement des affirmations positives dans vos habitudes quotidiennes pour renforcer l'amour de soi et l'acceptation. Exemple : Répétez des affirmations telles que "Je suis digne d'amour et de respect", "Je mérite le bonheur

et la joie" ou "J'accepte mes défauts et mes imperfections" pour passer d'un état d'esprit d'autocritique à un état d'esprit d'acceptation de soi.

3.5. CRÉER UNE VIE PLEINE D'AMOUR

"La seule façon d'avoir un ami est d'en être un. - Ralph Waldo Emerson

L'amour a le pouvoir de guérir, de transformer et d'améliorer nos vies. Cependant, beaucoup d'entre nous luttent pour expérimenter et maintenir la profondeur et la richesse de l'amour que nous désirons vraiment. Dans cette section, nous explorerons des stratégies pratiques pour créer une vie remplie d'amour qui imprègne chaque aspect de notre existence.

L'une des composantes essentielles d'une vie remplie d'amour est l'entretien de nos relations. C'est dans nos relations avec les autres que nous ressentons la plus grande capacité d'amour et de croissance. En pratiquant l'amour inconditionnel dans nos relations, nous pouvons créer une base solide de soutien, de compréhension et de respect mutuel. Cela implique d'aborder chaque interaction avec un cœur ouvert, sans jugement ni attentes. En fixant des intentions de compassion, de gentillesse et d'acceptation, nous pouvons transformer nos relations en une source de joie et d'épanouissement.

En plus de favoriser les relations d'amour avec les autres, il est tout aussi important d'étendre cet amour à soi-même. De nombreuses personnes se débattent avec le doute, le jugement et les discours négatifs sur elles-mêmes, ce qui peut les empêcher d'éprouver pleinement l'amour de soi. En reconnaissant et en remettant en question ces schémas, nous pouvons cultiver un dialogue intérieur plus aimant et plus nourrissant. Pratiquer l'auto-compassion, l'auto-soin et l'auto-pardon sont des éléments essentiels pour créer une vie

remplie d'amour. Il s'agit de se traiter avec la même gentillesse, le même respect et la même acceptation que l'on offrirait à un ami cher.

Un autre aspect clé de la création d'une vie remplie d'amour est de cultiver la gratitude et l'appréciation de l'amour qui existe déjà dans nos vies. Souvent, nous prenons pour acquis l'amour qui nous entoure et nous nous concentrons plutôt sur ce qui nous manque. En portant consciemment notre attention sur la présence de l'amour, nous pouvons en attirer davantage dans notre vie. Cela implique de pratiquer la gratitude au quotidien, d'exprimer son appréciation pour l'amour dans notre vie et de chercher des occasions de répandre l'amour et la gentillesse auprès des autres.

Enfin, il est essentiel de rechercher activement et de créer des opportunités pour que l'amour s'épanouisse dans notre vie. Cela peut impliquer de sortir de nos zones de confort, de prendre des risques et de nous ouvrir à de nouvelles expériences. En acceptant la vulnérabilité et en restant ouvert à l'amour, nous pouvons attirer des relations positives et amoureuses dans notre vie. Cela peut impliquer de s'engager dans des activités qui nourrissent notre cœur et notre âme, comme le bénévolat, la pratique de la pleine conscience et l'exploration d'activités créatives.

En résumé, pour créer une vie remplie d'amour, il faut s'engager à entretenir des relations amoureuses, à cultiver l'amour de soi, à pratiquer la gratitude et à rechercher activement des occasions pour que l'amour s'épanouisse. En adoptant ces pratiques, nous pouvons transformer notre vie en une tapisserie vibrante d'amour, de joie et d'épanouissement.

MISE EN PRATIQUE

(1) Pratiquez l'amour inconditionnel dans vos relations : Abordez chaque interaction avec un cœur ouvert, sans jugement ni attentes. Fixez des intentions de compassion, de gentillesse et d'acceptation. Exemple : Dans une relation amoureuse, au lieu de critiquer votre partenaire pour ses défauts ou d'attendre de lui qu'il réponde constamment à vos attentes, pratiquez l'amour inconditionnel en l'acceptant tel qu'il est et en faisant preuve de compassion et de gentillesse à son égard. Fixez l'intention de comprendre son point de vue et de le soutenir sans le juger.

(2) Cultiver un dialogue intérieur plus aimant et nourricier : Reconnaître et remettre en question les schémas de doute de soi, de jugement et de discours négatif. Pratiquer l'auto-compassion, l'auto-soin et le pardon. Exemple : Face à un revers ou à un échec, au lieu de vous infliger un discours négatif et de vous culpabiliser, cultivez un dialogue intérieur plus aimant et plus nourrissant. Pratiquez l'autocompassion en vous rappelant que tout le monde commet des erreurs et qu'il est normal d'apprendre et de grandir à partir de celles-ci. Prenez soin de vous en pratiquant des activités qui vous apportent joie et paix.

(3) Pratiquez la gratitude quotidienne et exprimez votre appréciation de l'amour dans votre vie : Portez votre attention sur la présence de l'amour et attirez-en davantage. Cherchez des occasions de répandre l'amour et la gentillesse auprès des autres. Exemple : chaque jour, prenez quelques instants pour réfléchir à la présence de l'amour : Chaque jour, prenez quelques instants pour réfléchir à l'amour qui existe déjà dans votre vie. Écrivez trois choses pour lesquelles vous êtes reconnaissant, en vous concentrant particulièrement sur l'amour qui vous entoure. Exprimez votre reconnaissance à vos proches en leur disant combien ils comptent pour vous et en faisant preuve de gentillesse à leur égard. Cherchez des occasions de répandre l'amour et la gentillesse auprès d'étrangers, par exemple en faisant du bénévolat dans une organisation caritative locale ou en offrant simplement un sourire à une personne dans le besoin.

(4) Recherchez activement et créez des opportunités pour que l'amour s'épanouisse : Sortez de votre zone de confort, prenez des risques et ouvrez-vous à de nouvelles expériences. Acceptez la vulnérabilité et restez ouvert à l'amour. Exemple : Si vous êtes célibataire depuis un certain temps et que vous souhaitez avoir une relation amoureuse, recherchez activement des occasions de faire fleurir l'amour. Il peut s'agir de rejoindre des groupes sociaux ou des plateformes de rencontre en ligne pour rencontrer de nouvelles personnes, d'assister à des événements ou à des ateliers en rapport avec vos centres d'intérêt et d'être ouvert à d'éventuelles relations amoureuses. Acceptez la vulnérabilité en partageant votre vraie

personnalité avec les autres et en leur permettant de voir vos qualités authentiques.

(5) En mettant en œuvre ces mesures concrètes, les individus peuvent créer une vie remplie d'amour en nourrissant leurs relations, en cultivant l'amour de soi, en pratiquant la gratitude et en recherchant activement des opportunités pour que l'amour s'épanouisse.

4. Le rôle de l'intuition dans la prise de décision

4.1. RECONNAÎTRE LA SAGESSE DE L'INTUITION

"L'intuition est une faculté spirituelle qui n'explique rien, mais indique simplement la voie à suivre. - Florence Scovel Shinn

L'intuition est une boussole intérieure qui nous guide vers notre vérité et nous aide à prendre des décisions qui correspondent à notre bien le plus élevé. C'est une force puissante qui opère au-delà du domaine de la logique et de la raison, et elle est disponible pour chacun d'entre nous. Cependant, de nombreuses personnes se sont déconnectées de leur intuition et s'appuient uniquement sur leur esprit rationnel pour prendre des décisions. Pour reconnaître la sagesse de l'intuition, il est essentiel de comprendre ce qu'elle est et comment elle fonctionne.

L'intuition est souvent décrite comme un "sentiment instinctif" ou un sentiment de "savoir sans savoir". Il s'agit d'une forme de sagesse intérieure qui naît d'une connexion profonde avec notre moi authentique. Lorsque nous puisons dans notre intuition, nous accédons à une source de perspicacité, de créativité et d'inspiration qui peut nous conduire à des prises de conscience profondes et à des percées transformatrices. De nombreux grands penseurs, artistes et innovateurs se sont appuyés sur leur intuition pour guider leur travail et faire des découvertes révolutionnaires.

L'une des clés pour reconnaître la sagesse de l'intuition est d'apprendre à la distinguer des autres voix intérieures. Notre esprit est constamment bombardé de pensées et d'émotions, et il peut être difficile de discerner celles qui proviennent de notre intuition de celles qui ne sont que du bruit. Cependant, avec de l'entraînement, il est possible de cultiver une conscience accrue de notre paysage intérieur et de développer un plus grand discernement.

L'un des moyens de reconnaître la voix de l'intuition est de remarquer la sensation qu'elle procure dans le corps. Souvent, les intuitions s'accompagnent d'un sentiment de calme intérieur, de clarté et de certitude. Nous pouvons ressentir un sentiment d'expansion ou une poussée d'énergie, ou nous pouvons simplement savoir que nous sommes sur la bonne voie. En revanche, lorsque nous ne sommes pas en phase avec notre intuition, nous pouvons ressentir un sentiment de malaise, de confusion ou de résistance.

Une autre façon d'exploiter la sagesse de l'intuition est de créer un espace pour qu'elle puisse émerger. Cela peut impliquer de consacrer du temps à la solitude, à la réflexion et à l'introspection. Lorsque nous calmons notre esprit et que nous nous mettons à l'écoute de notre monde intérieur, nous pouvons être surpris par les idées qui surgissent. Des pratiques telles que la méditation, la tenue d'un journal et l'expression créative peuvent également nous aider à accéder à notre intuition et à approfondir notre lien avec notre sagesse intérieure.

En fin de compte, reconnaître la sagesse de l'intuition est une question de confiance. Lorsque nous avons confiance en nous-mêmes et en notre guidance intérieure, nous sommes plus susceptibles de reconnaître nos intuitions et d'y donner suite. Cela signifie qu'il faut laisser tomber les doutes, les peurs et les croyances limitatives qui peuvent nous retenir, et embrasser l'inconnu avec un cœur et un esprit ouverts. En faisant cela, nous nous laissons guider par une force plus grande que nous, et nous ouvrons la porte à une vie plus épanouissante, plus joyeuse et plus utile.

MISE EN PRATIQUE

(1) Entraînez-vous à distinguer l'intuition des autres voix intérieures. Par exemple, lorsque vous êtes confronté à une décision, prenez le temps de vous arrêter et de réfléchir à ce que vous ressentez face à chaque option. Remarquez si un sentiment de calme et de certitude est associé à un choix, ce qui indique qu'il est en accord avec votre intuition.

(2) Créez l'espace nécessaire à l'émergence de l'intuition par la solitude, la réflexion et l'introspection. Réservez régulièrement du temps dans votre emploi du temps pour des activités telles que la méditation, la tenue d'un journal ou l'expression créative. Ces pratiques peuvent contribuer à apaiser l'esprit et à permettre à vos intuitions de faire surface.

(3) Faites confiance à votre intuition en vous débarrassant de vos doutes, de vos peurs et de vos croyances limitatives. Reconnaissez que votre guidance intérieure est une source précieuse de sagesse et qu'il vaut la peine de l'écouter et d'agir en conséquence. Accueillez l'inconnu avec un cœur et un esprit ouverts, et soyez prêt à agir en fonction de vos intuitions. Exemple : Supposons que vous étudiez une offre d'emploi émanant de deux entreprises différentes. L'entreprise A offre un salaire plus élevé et de meilleurs avantages, tandis que l'entreprise B correspond davantage à vos valeurs et vous offre des possibilités d'évolution. À l'aide de la première action, vous prenez le temps de réfléchir à ce que vous ressentez face à chaque option. Vous remarquez que lorsque vous imaginez travailler pour l'entreprise B, vous ressentez un sentiment d'excitation et d'alignement avec votre moi authentique. Ce sentiment de calme et

de certitude indique que le fait de suivre votre intuition et de choisir l'entreprise B peut mener à une carrière plus épanouissante.

4.2. FAIRE CONFIANCE À SA GUIDANCE INTÉRIEURE

"Faites-vous confiance. Vous en savez plus que vous ne le pensez." - Benjamin Spock

Faire confiance à sa guidance intérieure est un aspect essentiel de la prise de décision, car cela permet de puiser dans son intuition et de faire des choix en accord avec sa personnalité. La guidance intérieure fait référence à la sagesse profonde qui réside en chacun de nous, au-delà du domaine de la pensée consciente. Il s'agit d'une voix calme et tranquille qui offre des perspectives subtiles mais puissantes, vous aidant à naviguer dans les complexités de la vie avec grâce et confiance. Cependant, apprendre à faire confiance à cette guidance intérieure demande souvent de la pratique et de la patience, car elle peut être noyée dans le bruit des influences extérieures et dans nos propres doutes.

L'un des moyens de renforcer votre lien avec votre guidance intérieure est de cultiver la pleine conscience, qui consiste à porter toute votre attention sur le moment présent, sans jugement. En apaisant votre esprit et en vous concentrant sur votre respiration, vous pouvez créer un espace permettant à votre sagesse intérieure d'émerger. La pratique régulière de la méditation ou de la pleine conscience peut vous aider à développer cette compétence, tout comme la pratique d'activités qui vous aident à vous sentir ancré et centré, comme le yoga, le tai-chi ou le fait de passer du temps dans la nature.

Un autre aspect essentiel de la confiance en votre guidance intérieure est d'apprendre à discerner la différence entre l'intuition et la peur. Alors que l'intuition se caractérise par un sentiment de calme, de clarté et de connaissance intérieure, la peur se manifeste souvent par un sentiment de malaise, d'hésitation ou de confusion. La peur peut être une force puissante qui vous pousse à vous remettre en question et à ignorer votre sagesse intérieure. Pour faire la différence entre ces deux voix, prêtez attention aux sensations de votre corps et à la qualité de vos pensées. L'intuition est généralement une sensation d'expansion et d'autonomisation, tandis que la peur a tendance à être une sensation d'étroitesse et d'impuissance.

Développer la confiance en soi est également un élément essentiel pour se fier à sa guidance intérieure. Lorsque vous avez confiance en vous, vous êtes plus enclin à écouter votre voix intérieure et à agir en fonction de ses conseils. Pour développer la confiance en soi, entraînez-vous à prendre de petits risques et à respecter vos engagements, même s'ils vous semblent inconfortables ou incertains. En vous montrant capable de relever des défis et de prendre des décisions judicieuses, vous développerez progressivement une plus grande confiance en vos propres capacités.

Enfin, il est essentiel de faire preuve de patience et d'abandon lorsqu'il s'agit de faire confiance à sa guidance intérieure. Parfois, les réponses que nous cherchons ne viennent pas immédiatement, et il est important de se donner l'espace et le temps nécessaires pour recevoir les informations dont nous avons besoin. Cela peut impliquer de ne pas s'attacher à des résultats ou à des attentes spécifiques et de s'abandonner simplement au processus. Croyez que l'univers travaille en votre faveur et que les conseils dont vous avez besoin vous parviendront au bon moment.

En conclusion, faire confiance à sa guidance intérieure est un moyen puissant d'exploiter son intuition et de prendre des décisions en accord avec sa personnalité. En cultivant la pleine conscience, en discernant la différence entre l'intuition et la peur, en développant la confiance en soi et en pratiquant la patience et l'abandon, vous pouvez renforcer votre connexion à cette sagesse intérieure et naviguer dans la vie avec plus de clarté, de confiance et de grâce. Rappelez-vous que faire confiance à votre guidance intérieure est un voyage et que, comme tout voyage, il nécessite de la patience, de la pratique et de la persévérance. Avec le temps et le dévouement, vous deviendrez plus à l'écoute de cette voix intérieure et apprendrez à vous fier à ses conseils dans tous les aspects de votre vie.

MISE EN PRATIQUE

(1) Cultivez la pleine conscience en pratiquant régulièrement la méditation ou la pleine conscience, ainsi qu'en vous engageant dans des activités qui vous aident à vous sentir ancré et centré, comme le yoga, le tai-chi ou le fait de passer du temps dans la nature. Exemple : Commencez à pratiquer la méditation quotidienne en réservant 10 minutes chaque matin pour vous asseoir dans un espace calme, vous concentrer sur votre respiration et observer vos pensées sans les juger. En pratiquant régulièrement la pleine conscience, vous serez plus à l'écoute de votre guidance intérieure et serez en mesure de prendre des décisions en toute clarté et sérénité.

(2) Faites la différence entre l'intuition et la peur en prêtant attention aux sensations de votre corps et à la qualité de vos pensées. L'intuition est généralement une sensation d'expansion et d'autonomisation, tandis que la peur a tendance à être une sensation d'étouffement et de perte d'autonomie. Exemple : Vous êtes confronté à une opportunité de carrière qui semble passionnante mais aussi légèrement intimidante. Prenez un moment pour vous mettre à l'écoute de votre corps et remarquez ce que vous ressentez lorsque vous envisagez de saisir cette opportunité. Si votre corps se sent léger et plein d'énergie, c'est peut-être le signe que votre intuition vous guide vers cette opportunité. En revanche, si votre corps est lourd et tendu, c'est peut-être le signe que la peur influence votre décision. Faites confiance à votre intuition et allez de l'avant en toute confiance si elle correspond à votre véritable personnalité.

(3) Développez votre confiance en vous en vous entraînant à prendre de petits risques et à respecter vos engagements, même s'ils vous semblent inconfortables ou incertains. Montrez-vous que vous êtes capable de relever des défis et de prendre des décisions judicieuses. Exemple : Vous avez envie de vous lancer dans un nouveau passe-temps ou d'acquérir une nouvelle compétence, mais vous hésitez à faire le premier pas. Mettez-vous au défi de vous inscrire à un cours ou de rejoindre un groupe qui correspond à vos intérêts, même si

cela vous semble intimidant. En passant à l'action et en vous engageant dans votre décision, vous renforcerez votre confiance en vous et gagnerez en assurance pour explorer davantage vos passions.

(4) Pratiquez la patience et l'abandon en renonçant à tout attachement à des résultats ou à des attentes spécifiques. Croyez que l'univers travaille en votre faveur et que les conseils dont vous avez besoin vous parviendront au bon moment. Exemple : Vous êtes à la recherche d'un emploi et avez passé plusieurs entretiens, mais aucun n'a abouti à une offre. Au lieu de vous décourager et de forcer le processus, pratiquez la patience et l'abandon en faisant confiance à la bonne opportunité qui se présentera au bon moment. Restez ouvert aux possibilités et continuez à donner le meilleur de vous-même à chaque candidature et à chaque entretien, en sachant que l'univers a un plan pour vous.

(5) Comprenez que faire confiance à votre guidance intérieure est un voyage qui demande de la patience, de la pratique et de la persévérance. Acceptez le processus et engagez-vous à développer constamment votre connexion à cette sagesse intérieure. Exemple : Prenez l'engagement de consacrer régulièrement du temps à l'autoréflexion et à l'introspection. Cela peut prendre la forme d'un journal, d'exercices de développement personnel ou de conseils d'un mentor ou d'un coach. En vous engageant à faire confiance à votre guide intérieur, vous continuerez à évoluer et à approfondir votre lien avec votre moi véritable.

4.3. CULTIVER L'INTUITION COMME OUTIL DE PRISE DE DÉCISION

"L'esprit intuitif est un don sacré et l'esprit rationnel est un serviteur fidèle. Nous avons créé une société qui honore le serviteur et a oublié le don." - *Albert Einstein*

L'intuition, souvent décrite comme un "sentiment instinctif" ou un "sixième sens", peut constituer un outil puissant dans le processus de prise de décision. En apprenant à faire confiance à cette capacité innée et à la cultiver, les individus peuvent puiser dans une source de sagesse plus profonde qui va au-delà de l'analyse rationnelle. Cette section présente des stratégies pratiques pour développer et intégrer l'intuition dans le processus de prise de décision.

La première étape pour cultiver l'intuition est d'apprendre à reconnaître ses signaux uniques. Bien que l'expérience de l'intuition puisse varier d'une personne à l'autre, les indicateurs communs comprennent les intuitions soudaines, les sensations corporelles et les émotions fortes. En prêtant une attention particulière à ces signaux, les individus peuvent commencer à discerner le langage subtil de leur intuition et à le distinguer du bruit de l'esprit rationnel.

Les pratiques de pleine conscience et de méditation sont essentielles au développement de l'intuition. Ces pratiques aident à calmer l'esprit, ce qui permet aux intuitions de se manifester. En cultivant la conscience du moment présent, les individus peuvent devenir plus à l'écoute de leur guidance intérieure et mieux équipés pour prendre des décisions en accord avec leurs valeurs et leurs objectifs. En outre, il a été démontré que la méditation augmente l'activité du cortex préfrontal du cerveau, qui est associé aux capacités de prise de décision et de résolution de problèmes.

Réfléchir aux expériences et décisions passées peut aider les individus à identifier des schémas et des thèmes dans leur processus intuitif. En examinant les cas où l'intuition a joué un rôle dans les résultats obtenus, les individus peuvent prendre confiance en leur capacité à accéder à cette ressource intérieure et à lui faire confiance. La tenue d'un journal, l'art ou une conversation avec un ami de confiance ou un coach peuvent être des outils précieux pour l'autoréflexion et la prise de conscience.

Si l'intuition peut être un outil puissant, il est essentiel de trouver un équilibre entre les intuitions intuitives et l'analyse rationnelle. Les décisions fondées uniquement sur l'intuition peuvent parfois conduire à des choix impulsifs ou mal informés. À l'inverse,

s'appuyer exclusivement sur un raisonnement logique peut conduire à négliger des opportunités ou à se déconnecter de ses valeurs fondamentales. En apprenant à intégrer à la fois l'intuition et la pensée rationnelle, les individus peuvent prendre des décisions plus équilibrées et mieux informées.

L'intuition fonctionne souvent en captant des indices subtils qui peuvent être ignorés par l'esprit conscient. Le développement de la conscience perceptive peut aider les individus à exploiter cette mine d'informations et à améliorer leurs capacités intuitives. La pratique d'activités qui stimulent les sens, comme passer du temps dans la nature, faire du yoga ou jouer d'un instrument de musique, peut aider à développer une conscience perceptive accrue et à améliorer l'intuition.

En conclusion, cultiver l'intuition en tant qu'outil de prise de décision implique de développer la conscience des signaux intuitifs, de pratiquer la pleine conscience et la méditation, de s'engager dans l'autoréflexion, d'équilibrer l'intuition avec la pensée rationnelle et d'élargir la conscience perceptuelle. En intégrant ces stratégies dans la vie quotidienne, les individus peuvent apprendre à faire confiance à leur sagesse intérieure et à s'y fier, ce qui leur permet de prendre des décisions plus autonomes, plus authentiques et plus satisfaisantes.

MISE EN PRATIQUE

(1) Développer la conscience des signaux intuitifs : Prêtez attention aux intuitions soudaines, aux sensations corporelles et aux émotions fortes, qui sont des indicateurs de l'intuition. Exemple : Lorsque vous êtes confronté à une décision difficile, prenez le temps de vous arrêter et de réfléchir à toute intuition ou sensation corporelle qui vous vient à l'esprit. Remarquez les émotions fortes qui peuvent guider votre intuition.

(2) Pratiquer la pleine conscience et la méditation : Cultiver la conscience du moment présent en pratiquant la pleine conscience et la méditation. Exemple : Réservez 10 minutes par jour pour pratiquer la méditation, en vous concentrant sur votre respiration et en laissant libre cours à vos intuitions. Notez les pensées ou les sentiments qui surgissent pendant cette pratique.

(3) Engagez-vous dans une auto-réflexion régulière : Réfléchissez à vos expériences et décisions passées pour identifier les schémas de votre processus intuitif. Exemple : Tenez un journal dans lequel vous pouvez écrire des situations passées où vous avez suivi votre intuition et obtenu des résultats positifs. Recherchez les thèmes communs ou les schémas qui se dégagent.

(4) Trouver un équilibre entre l'intuition et la pensée rationnelle : S'efforcer de trouver un équilibre entre l'intuition et l'analyse rationnelle. Exemple : Lorsque vous prenez une décision, tenez compte à la fois de votre intuition et de votre raisonnement logique. Examinez les avantages et les inconvénients de chaque option et écoutez votre intuition sans négliger la pensée rationnelle.

(5) Développez votre conscience perceptive : Participez à des activités qui stimulent vos sens afin d'améliorer vos capacités intuitives. Exemple : Passez du temps dans la nature et observez les images, les sons et les odeurs qui vous entourent. Soyez attentif à tout indice ou sensation subtile que vous pourriez percevoir. Pratiquez le yoga ou jouez d'un instrument de musique pour développer une meilleure perception.

4.4. SURMONTER LE DOUTE ET LA PEUR DANS LA PRISE DE DÉCISION INTUITIVE

"La seule limite à notre réalisation de demain sera nos doutes d'aujourd'hui". - Franklin D. Roosevelt

Le doute et la peur sont des obstacles courants lorsqu'il s'agit de faire confiance à notre intuition pour prendre des décisions. Ces émotions peuvent provenir d'expériences passées, d'attentes sociétales ou de limites que l'on s'impose. Il est essentiel de reconnaître ces sentiments et d'y faire face afin d'accueillir l'intuition et de faire des choix en toute confiance.

Une méthode efficace pour surmonter le doute et la peur consiste à pratiquer la connaissance de soi. En devenant plus attentif à nos pensées et à nos émotions, nous pouvons identifier les schémas qui peuvent entraver notre capacité à faire confiance à notre intuition. Cette prise de conscience nous permet de remettre en question les croyances limitantes et de recadrer les pensées négatives, en les remplaçant par des affirmations positives et valorisantes.

La mise en place d'un système de soutien solide peut également aider à surmonter les doutes et les craintes. Partager nos expériences et nos préoccupations avec des amis, des membres de la

famille ou des mentors en qui nous avons confiance peut nous apporter des points de vue précieux, nous rassurer et nous guider. Le fait d'entrer en contact avec d'autres personnes qui ont réussi à intégrer l'intuition dans leur processus de prise de décision peut être une source d'inspiration et de motivation.

Une autre étape cruciale pour surmonter le doute et la peur consiste à développer l'autocompassion. Il est essentiel de reconnaître que les erreurs font naturellement partie de la croissance et de l'apprentissage. Au lieu de nous reprocher nos décisions passées, nous pouvons choisir de les considérer comme des occasions de réfléchir sur nous-mêmes et de nous améliorer. Cultiver l'autocompassion favorise la résilience et améliore notre capacité à faire confiance à notre intuition, même face à l'incertitude.

Enfin, il est important de faire preuve de patience et de se donner le temps de développer la confiance en ses capacités intuitives. Comme pour toute compétence, apprendre à faire confiance à son intuition et à agir en conséquence demande de la pratique. En intégrant progressivement la prise de décision intuitive dans notre vie quotidienne, nous pouvons gagner en confiance et surmonter nos doutes et nos peurs. Ce processus peut impliquer de commencer par de petites décisions et de passer progressivement à des choix plus importants au fur et à mesure que notre confiance en notre intuition s'accroît.

En conclusion, surmonter le doute et la peur dans la prise de décision intuitive est un voyage qui implique la connaissance de soi, la construction d'un réseau de soutien, le développement de l'auto-compassion et la pratique de la patience. En franchissant ces étapes, nous pouvons renforcer notre lien avec notre intuition et prendre des décisions qui correspondent à notre personnalité et à nos valeurs.

MISE EN PRATIQUE

(1) Pratiquez la connaissance de soi : Prenez chaque jour le temps de réfléchir à vos pensées et à vos émotions. Prêtez attention aux schémas ou aux croyances limitatives qui peuvent entraver votre capacité à faire confiance à votre intuition. Exemple : Réservez 10 minutes chaque matin pour tenir un journal de vos pensées et de vos sentiments. Recherchez les doutes ou les peurs récurrents qui peuvent affecter votre prise de décision. Une fois identifiées, remettez en question ces croyances et reformulez-les en affirmations valorisantes.

(2) Créez un système de soutien : Tendez la main à des amis de confiance, à des membres de votre famille ou à des mentors et faites-leur part de vos expériences et de vos préoccupations concernant la prise de décision intuitive. Sollicitez leur point de vue, leur réconfort et leurs conseils. Exemple : Fixez un rendez-vous autour d'un café avec un ami proche et discutez de vos difficultés actuelles en matière de prise de décision. Écoutez leurs conseils et demandez-leur de vous faire part de leurs expériences personnelles en matière d'intuition dans la prise de décision. Leur point de vue peut vous inspirer et vous motiver à faire confiance à votre propre intuition.

(3) Développer l'autocompassion : Reconnaître que faire des erreurs fait naturellement partie de la croissance et de l'apprentissage. Au lieu de vous critiquer pour vos décisions passées, considérez-les comme des occasions de réfléchir et de vous améliorer. Exemple : Chaque fois que vous vous surprenez à ressasser une décision passée, rappelez-vous que tout le monde commet des erreurs et que ces erreurs sont essentielles à l'épanouissement personnel. Traitez-vous avec gentillesse et compréhension, comme vous le feriez avec un ami proche qui traverse une situation similaire.

(4) Faites preuve de patience : Donnez-vous le temps de développer votre confiance en vos capacités intuitives. Commencez par de petites décisions et passez progressivement à des choix plus importants. Exemple : Commencez par faire confiance à votre intuition dans les situations de la vie quotidienne, comme le choix d'une tenue vestimentaire ou d'un déjeuner. Au fur et à mesure que vous gagnez en confiance dans vos décisions intuitives, appliquez-les progressivement à des domaines plus cruciaux de votre vie, tels que les choix de carrière ou les décisions relationnelles. La patience est la clé de la confiance en votre intuition.

(5) En suivant ces étapes praticables de pratique de la conscience de soi, de mise en place d'un système de soutien, de développement de l'auto-compassion et de pratique de la patience, vous pouvez surmonter le doute et la peur dans votre prise de décision intuitive. Vous serez en mesure de faire confiance à votre intuition et de prendre des décisions qui correspondent à votre personnalité et à vos valeurs.

4.5. VIVRE UNE VIE INTUITIVE

"Faites-vous confiance. Vous en savez plus que vous ne le pensez." - Benjamin Spock

Vivre une vie intuitive implique de prendre des décisions et d'agir en se basant sur la sagesse de sa voix intérieure. Il faut pour cela cultiver la confiance en soi et en l'univers et apprendre à distinguer la voix de son intuition du bruit de ses pensées et de ses émotions. Lorsque vous vivez une vie intuitive, vous puisez dans une source de conseils qui dépasse votre esprit rationnel, ce qui vous permet de faire des choix qui correspondent à votre bien le plus élevé.

Pour vivre une vie intuitive, il est essentiel de développer une pratique régulière de tranquillisation de l'esprit. Vous pouvez y parvenir grâce à diverses techniques telles que la méditation, la tenue d'un journal ou le fait de passer du temps dans la nature. En créant de l'espace dans votre esprit, vous permettez à votre intuition de remonter à la surface et de vous fournir des informations et des conseils auxquels vous n'auriez peut-être pas eu accès autrement.

Un autre aspect important de la vie intuitive est d'apprendre à discerner la voix de votre intuition de celle de vos peurs et de vos doutes. Votre intuition parle d'une voix calme, claire et confiante, tandis que vos peurs et vos doutes parlent d'une voix forte, anxieuse et incertaine. En apprenant à distinguer les deux, vous pouvez développer une plus grande confiance en votre intuition et prendre des décisions avec assurance et facilité.

En plus de faire confiance à votre intuition, il est essentiel d'agir en fonction des conseils que vous recevez. Cela peut nécessiter de sortir de votre zone de confort et de prendre des risques qui vous semblent inconfortables ou incertains. Cependant, lorsque vous agissez sur la base de votre intuition, vous constatez souvent que l'univers conspire à vous soutenir d'une manière que vous n'auriez pas pu prévoir.

Vivre une vie intuitive signifie également être ouvert aux conseils de l'univers, même lorsqu'ils n'ont pas de sens logique. Cela peut impliquer de croire que les choses vont s'arranger, même si vous ne voyez pas comment elles vont s'arranger. En vous abandonnant au flux de la vie et en faisant confiance à la sagesse de l'univers, vous pouvez éprouver un sentiment de paix et de satisfaction qui provient d'une vie alignée sur votre bien le plus élevé.

Enfin, pour vivre une vie intuitive, il faut cultiver la gratitude et l'appréciation des conseils que l'on reçoit. En reconnaissant et en célébrant les intuitions et les synchronicités qui se présentent à vous, vous renforcez votre intuition et approfondissez votre lien avec l'univers. En vivant une vie intuitive, vous vous ouvrez à un monde de possibilités et de magie, où vous êtes guidé par la sagesse de votre voix intérieure et l'amour de l'univers.

MISE EN PRATIQUE

(1) Adoptez une pratique régulière pour calmer votre esprit grâce à des techniques telles que la méditation, la

tenue d'un journal ou le fait de passer du temps dans la nature. Exemple : Réservez 10 minutes chaque matin pour méditer et faire le vide dans votre esprit. Trouvez un endroit calme où vous pouvez vous asseoir confortablement et vous concentrer sur votre respiration. En pratiquant régulièrement cette technique, vous créerez un espace dans votre esprit qui permettra à votre intuition de remonter à la surface et de vous guider tout au long de la journée.

(2) Apprenez à discerner la voix de votre intuition de celle de vos peurs et de vos doutes. Exemple : Lorsque vous êtes confronté à une décision difficile, prenez le temps de vous arrêter et d'analyser les différentes voix dans votre tête. Demandez-vous si la voix qui vous guide est calme, claire et confiante, ou si elle est bruyante, anxieuse et incertaine. En reconnaissant votre intuition et en la distinguant de vos peurs et de vos doutes, vous pouvez prendre des décisions avec plus de confiance et d'assurance.

(3) Agissez en fonction des conseils que vous donne votre intuition, même si vous vous sentez mal à l'aise ou incertain. Exemple : Votre intuition vous dit de quitter votre emploi et de vous consacrer à un projet passionnant. Même si cela vous met mal à l'aise, faites confiance à votre intuition et passez à l'action en présentant votre démission et en consacrant du temps à votre projet passionnel. En suivant votre intuition et en sortant de votre zone de confort, vous pouvez trouver un soutien inattendu et des opportunités qui s'alignent sur votre bien le plus élevé.

(4) Soyez ouvert aux conseils de l'univers, même s'ils ne sont pas logiques. Exemple : Vous recevez une opportunité qui semble défier la logique, mais votre intuition vous dit que c'est la bonne voie pour vous. Faites confiance à la sagesse de l'univers et saisissez cette opportunité, même si elle va à l'encontre des idées reçues. En vous abandonnant au flux de la vie et en faisant confiance à l'univers, vous pouvez découvrir de nouveaux chemins et de nouvelles expériences qui s'alignent sur votre bien le plus élevé.

(5) Cultivez la gratitude et l'appréciation pour les conseils que vous recevez. Exemple : prenez quelques instants chaque jour pour réfléchir aux idées et aux synchronicités qui se sont produites : Prenez quelques instants chaque jour pour réfléchir aux intuitions et aux

synchronicités qui se sont produites. Notez-les dans un journal de gratitude et exprimez votre reconnaissance pour les conseils reçus. En reconnaissant et en célébrant ces moments, vous renforcez votre intuition et approfondissez votre connexion à l'univers, créant ainsi un cycle positif de guidance et de gratitude.

5. Qu'en est-il des miracles ?

5.1. S'OUVRIR AUX MIRACLES

> *"L'univers est plein de choses magiques qui attendent patiemment que notre esprit s'aiguise. -Eden Phillpotts*

Pour s'ouvrir aux miracles, il faut d'abord cultiver un état d'esprit réceptif, ouvert à la possibilité de l'extraordinaire. Ce concept est ancré dans la croyance que la vie est pleine de magie et d'émerveillement, et que les miracles se produisent tout autour de nous, si seulement nous prenons le temps de les reconnaître. Cependant, pour de nombreuses personnes, cette ouverture d'esprit peut être difficile à cultiver, car elle nécessite de passer d'une perspective plus rationnelle et sceptique.

L'une des façons de s'ouvrir aux miracles est de pratiquer la gratitude. En nous concentrant sur les bienfaits de notre vie et en exprimant notre reconnaissance, nous créons un environnement intérieur plus propice aux miracles. En effet, la gratitude nous aide à déplacer notre attention du négatif vers le positif, ce qui nous ouvre à la possibilité d'éprouver plus de bienfaits dans notre vie. En reconnaissant et en exprimant consciemment notre gratitude pour les petits miracles qui se produisent chaque jour, nous pouvons progressivement développer une attitude plus réceptive et plus ouverte à l'égard de la possibilité de plus grands miracles.

Une autre étape importante pour s'ouvrir aux miracles consiste à se défaire des croyances et des attentes limitatives. Souvent, lorsque nous sommes confrontés à une situation difficile, nous pouvons nous accrocher à une idée fixe de la façon dont elle devrait être résolue. Cependant, en nous ouvrant à la possibilité d'une solution miraculeuse, nous créons l'espace nécessaire pour que l'univers opère

sa magie. Cela signifie qu'il faut abandonner le besoin de contrôler le résultat et faire confiance à une force supérieure qui nous guidera vers la meilleure solution possible.

La visualisation est un autre outil puissant pour s'ouvrir aux miracles. En imaginant vivement un résultat souhaité, nous pouvons activer le pouvoir de notre subconscient et puiser dans l'énergie de l'univers. Cela peut aider à préparer le terrain pour qu'une solution miraculeuse se manifeste. Pour pratiquer efficacement la visualisation, il est important de faire appel à tous nos sens et de ressentir les émotions associées au résultat souhaité. Cela permet de créer un lien énergétique fort avec le miracle que nous recherchons.

Enfin, la patience et la confiance sont des éléments essentiels pour s'ouvrir aux miracles. Les miracles ne se produisent pas toujours à notre rythme, et il est important d'avoir confiance qu'ils se produiront au moment opportun. Cela exige souvent un certain niveau d'abandon et de foi en l'univers. En abandonnant le besoin de contrôler la situation et en faisant confiance à l'univers pour qu'il ait un plan, nous pouvons créer l'espace nécessaire pour que les miracles se produisent.

En conclusion, s'ouvrir aux miracles nécessite un changement de perspective et une volonté de se défaire de ses croyances et attentes limitatives. En cultivant une attitude de gratitude, en pratiquant la visualisation, en étant patient et en faisant confiance à l'univers, nous pouvons créer l'environnement intérieur nécessaire pour que les miracles se manifestent dans notre vie. Qu'il s'agisse d'un petit miracle ou d'un événement qui change la vie, tout commence par la croyance dans le pouvoir de l'extraordinaire et l'ouverture à la possibilité que des miracles attendent de se produire.

MISE EN PRATIQUE

(1) Pratiquez la gratitude : Prenez quelques minutes chaque jour pour réfléchir aux bienfaits de votre vie et exprimer votre reconnaissance. Vous pouvez, par exemple, tenir un journal de gratitude et y inscrire chaque jour trois choses dont vous êtes reconnaissant. Cela vous aidera à vous concentrer sur le positif et à créer un état d'esprit plus réceptif aux miracles. Chaque matin, avant de commencer votre journée, notez trois choses dont vous êtes reconnaissant dans votre journal de gratitude. Il peut s'agir de choses simples comme une bonne nuit de sommeil, un délicieux petit-déjeuner ou le soutien d'un être cher. En reconnaissant et en exprimant consciemment votre gratitude pour ces petits miracles, vous commencerez à développer une attitude plus ouverte à l'égard des grands miracles de votre vie.

(2) Lâchez les croyances et les attentes qui vous limitent : Identifiez les idées fixes ou les croyances qui vous retiennent et vous empêchent de faire l'expérience des miracles. Remettez ces croyances en question et ouvrez-vous à la possibilité d'une solution miraculeuse. Ayez confiance dans le fait que l'univers a le pouvoir de vous guider vers le meilleur résultat. Exemple : Si vous êtes confronté à une situation difficile au travail et que vous avez essayé de la résoudre en utilisant la même approche sans succès, envisagez d'abandonner la croyance qu'il n'y a qu'une seule façon de résoudre le problème. Ouvrez-vous plutôt à la possibilité d'une solution miraculeuse et

faites confiance à l'univers pour vous guider. Cela peut impliquer de rechercher le soutien de collègues, d'explorer des stratégies alternatives ou d'être ouvert à des opportunités inattendues.

(3) Pratiquez la visualisation : Prenez le temps, chaque jour, d'imaginer vivement le résultat que vous souhaitez obtenir et de faire appel à tous vos sens. Voyez, entendez, sentez et même goûtez ce que serait l'expérience du miracle que vous recherchez. Cela active votre subconscient et crée un lien énergétique fort avec le miracle. Exemple : Si vous êtes à la recherche d'un nouvel emploi, prenez quelques minutes chaque jour pour vous visualiser dans l'emploi de vos rêves. Imaginez que vous entrez dans le bureau, que vous interagissez avec vos collègues et que vous vous sentez épanoui et heureux dans votre travail. Visualisez tous les détails de votre emploi idéal, y compris les tâches que vous aimez, l'environnement de travail favorable et les possibilités d'évolution.

(4) Pratiquez la patience et la confiance : Comprenez que les miracles peuvent ne pas se produire selon votre calendrier et ayez la foi qu'ils se produiront au moment opportun. Abandonnez le besoin de contrôler la situation et faites confiance à l'univers qui a un plan pour vous. Exemple : Si vous essayez de fonder une famille et que vous rencontrez des problèmes de fertilité, faites preuve de patience et ayez confiance que le miracle d'avoir un enfant se produira en son temps. Au lieu de vous concentrer sur la frustration et l'impatience, cultivez un état d'esprit de confiance et d'abandon. Cela peut impliquer de rechercher des groupes de soutien, de prendre soin de soi ou d'explorer d'autres voies vers la parentalité.

5.2. CULTIVER UN ÉTAT D'ESPRIT MIRACULEUX

"La seule façon de découvrir les limites du possible est de les dépasser et d'aller vers l'impossible. - Arthur C. Clarke

Cultiver un état d'esprit miraculeux consiste à modifier consciemment sa perception de la réalité pour reconnaître la possibilité de miracles dans la vie de tous les jours. Il s'agit d'abandonner les croyances limitatives, de cultiver la foi et de rester ouvert à l'inattendu.

Pour cultiver un état d'esprit miraculeux, il faut d'abord reconnaître et abandonner les croyances limitatives qui empêchent de voir la possibilité de miracles. Ces croyances découlent souvent d'expériences passées, du conditionnement sociétal et d'un discours négatif sur soi. Elles créent une lentille à travers laquelle nous voyons le monde qui peut déformer notre perception et nous empêcher de voir la magie qui existe tout autour de nous. Se défaire de ces croyances nécessite une introspection et une volonté de remettre en question ses pensées et ses croyances.

Cultiver la foi est une composante essentielle de l'état d'esprit miraculeux. La foi n'est pas nécessairement liée à des croyances religieuses, mais plutôt à une confiance inébranlable dans l'univers et dans sa capacité à produire des miracles. C'est la conviction que quelque chose de plus grand que nous est à l'œuvre et nous guide vers notre plus grand bien. Cultiver la foi, c'est nourrir un profond sentiment de confiance en soi, dans les autres et dans le monde.

Un autre élément clé pour cultiver un état d'esprit miraculeux est d'être ouvert à l'inattendu. Il s'agit d'abandonner le besoin de contrôler et de prédéterminer l'issue de chaque situation. En restant ouvert et réceptif, nous créons un espace pour que les miracles entrent dans notre vie. Cela signifie que nous sommes prêts à prendre des risques, à essayer de nouvelles choses et à sortir de notre zone de confort. Lorsque nous sommes ouverts à l'inconnu, nous devenons plus présents et plus conscients, ce qui nous permet de remarquer les miracles qui se produisent déjà dans notre vie.

Pratiquer la gratitude est un autre moyen puissant de cultiver un état d'esprit miraculeux. Lorsque nous nous concentrons sur ce dont nous sommes reconnaissants, nous passons du manque à l'abondance. Ce changement de perspective nous ouvre à la possibilité de miracles et nous permet de voir plus clairement la beauté et les bénédictions de notre vie. En pratiquant quotidiennement la gratitude, nous entraînons notre esprit à se concentrer sur le positif, ce qui facilite l'adoption d'un état d'esprit miraculeux.

L'intégration de la visualisation et des affirmations dans votre pratique quotidienne peut également contribuer à cultiver un état d'esprit miraculeux. La visualisation consiste à imaginer le résultat souhaité dans les moindres détails, comme s'il était déjà en train de se produire. Cette pratique permet d'entraîner l'esprit à se concentrer sur les résultats positifs et peut augmenter la probabilité de manifester des miracles. Les affirmations sont des déclarations positives qui renforcent une croyance ou un résultat souhaité. En répétant des affirmations tous les jours, nous pouvons reprogrammer notre esprit pour qu'il adopte un état d'esprit miraculeux.

Cultiver un état d'esprit miraculeux demande de la patience, de la pratique et de la persévérance. Il s'agit de modifier notre perception de la réalité et de recâbler notre esprit pour qu'il se concentre sur le positif. Cependant, les avantages d'un état d'esprit miraculeux sont profonds. Lorsque nous adoptons un état d'esprit miraculeux, nous nous ouvrons à un monde de possibilités infinies, où tout est possible. Nous devenons plus présents, plus conscients et plus reconnaissants, et nous éprouvons un plus grand sentiment de joie, d'accomplissement et de paix. En cultivant l'état d'esprit miraculeux, nous transformons notre vie et le monde qui nous entoure.

MISE EN PRATIQUE

(1) Identifier et remettre en question les croyances limitantes : Commencez par identifier les croyances qui peuvent limiter votre perception des miracles dans la vie quotidienne. Prenez le temps de l'introspection et considérez les expériences passées, le conditionnement sociétal et les discours négatifs sur vous-même qui peuvent contribuer à ces croyances. Remettez-les en question en vous interrogeant sur leur validité et en recherchant des preuves de l'existence de miracles dans votre propre vie et dans le monde qui

vous entoure. Par exemple, si vous pensez que "les miracles n'arrivent qu'aux autres", remettez cette croyance en question en recherchant des cas où des événements inattendus et extraordinaires se sont produits dans votre vie ou dans celle de votre entourage.

(2) Nourrir la foi et la confiance dans l'univers : Cultivez une profonde confiance en vous-même, dans les autres et dans le monde. Pratiquez quotidiennement des affirmations ou des mantras qui renforcent votre foi dans la capacité de l'univers à produire des miracles. Par exemple, répétez des affirmations telles que "J'ai confiance dans les possibilités infinies de l'univers" ou "Je suis ouvert à recevoir des miracles dans ma vie". Visualisez le résultat souhaité comme s'il se produisait déjà, en vous autorisant à croire pleinement au pouvoir de l'univers de manifester des miracles.

(3) Lâchez le contrôle et embrassez l'inconnu : Ne cherchez plus à contrôler et à prédéterminer l'issue de chaque situation. Soyez ouvert et réceptif aux possibilités inattendues et aux conseils de l'univers. Prenez des risques, essayez de nouvelles choses et sortez de votre zone de confort. Par exemple, mettez-vous au défi de faire quelque chose d'inhabituel que vous avez toujours voulu faire mais que la peur vous a empêché de faire. Acceptez l'inconnu et croyez que des miracles peuvent se produire lorsque vous lâchez le contrôle.

(4) Pratiquez la gratitude au quotidien : Intégrez une pratique quotidienne de la gratitude dans votre routine. Prenez chaque jour le temps de vous concentrer consciemment sur ce dont vous êtes reconnaissant, en déplaçant votre perspective de ce qui manque à ce qui est abondant dans votre vie. Ce changement de perspective vous ouvre à la possibilité de miracles et vous permet de voir plus clairement la beauté et les bienfaits de votre vie. Par exemple, commencez chaque matin par écrire trois choses pour lesquelles vous êtes reconnaissant et réfléchissez-y tout au long de la journée.

(5) Utilisez la visualisation et les affirmations : Incorporez la visualisation et les affirmations dans votre pratique quotidienne pour renforcer l'état d'esprit miraculeux. Visualisez le résultat souhaité dans les moindres détails, comme s'il était déjà en train de se produire. Cela permet d'entraîner votre esprit à se concentrer sur les résultats positifs et d'augmenter la probabilité de manifester des miracles.

Répétez des affirmations qui renforcent votre foi dans les miracles et votre capacité à les recevoir. Par exemple, visualisez-vous en train d'atteindre un objectif spécifique ou de vivre un miracle souhaité, et répétez des affirmations telles que "J'attire les miracles dans ma vie" ou "Je suis ouvert à recevoir les miracles que l'univers a en réserve pour moi".

(6) En mettant en œuvre ces mesures, vous pouvez cultiver un état d'esprit miraculeux et vous ouvrir à un monde de possibilités infinies et d'expériences extraordinaires. N'oubliez pas que cultiver un état d'esprit miraculeux demande de la patience, de la pratique et de la persévérance, mais les récompenses sont profondes.

5.3. PERMETTRE AUX MIRACLES DE SE MANIFESTER DANS VOTRE VIE

"Le miracle n'est pas de voler dans les airs, ni de marcher sur l'eau, mais de marcher sur la terre. - Proverbe chinois (vers le 6e siècle avant notre ère)

L'un des changements d'état d'esprit les plus transformateurs que l'on puisse opérer consiste à s'ouvrir à la possibilité des miracles. Dans ce contexte, les miracles ne sont pas considérés comme des événements aléatoires, mais plutôt comme des manifestations d'une puissance divine ou supérieure agissant à travers nous et le monde qui nous entoure. Pour permettre aux miracles de se manifester dans votre vie, il est important d'adopter un état d'esprit ouvert, réceptif et confiant.

Tout d'abord, il est important de cultiver une forte croyance en la possibilité de miracles. Cela peut impliquer de mettre de côté le scepticisme ou le doute et de les remplacer par la foi et la confiance. Il peut être utile de réfléchir aux moments où vous avez connu des bénédictions

inattendues ou des résultats positifs, et de vous rappeler qu'il s'agissait également de manifestations d'une puissance supérieure à l'œuvre.

Pour permettre aux miracles de se manifester dans votre vie, il est essentiel de ne plus vous attacher à des résultats spécifiques. Il ne s'agit pas de renoncer à vos objectifs ou à vos désirs, mais plutôt d'abandonner le besoin de voir les choses se produire d'une certaine manière ou à un moment précis. Au lieu de cela, concentrez-vous sur l'alignement de vos pensées et de vos actions avec vos valeurs et vos intentions les plus élevées, et faites confiance à l'univers pour obtenir le meilleur résultat possible.

Un autre aspect essentiel pour permettre aux miracles de se manifester est de cultiver la gratitude. Lorsque nous nous concentrons sur ce dont nous sommes reconnaissants, nous nous ouvrons à la possibilité de recevoir encore plus de bénédictions. Essayez de tenir un journal de gratitude ou prenez simplement quelques instants chaque jour pour réfléchir aux choses dont vous êtes reconnaissant. Vous serez peut-être surpris par la rapidité avec laquelle votre énergie et votre vision des choses commencent à changer.

Enfin, il est important d'agir pour atteindre ses objectifs et ses désirs, tout en restant ouvert à la possibilité de miracles. Cela peut impliquer de faire de petits pas réguliers vers vos objectifs, tout en restant ouvert aux opportunités et aux conseils inattendus. Croyez que l'univers travaille en votre faveur et que le chemin vers le résultat souhaité n'est pas toujours celui que vous attendez.

En conclusion, pour permettre aux miracles de se manifester dans votre vie, vous devez adopter un état d'esprit ouvert, réceptif et confiant. En cultivant la foi, en abandonnant l'attachement à des résultats spécifiques, en se concentrant sur la gratitude et en prenant des mesures inspirées, vous pouvez vous ouvrir aux possibilités illimitées de l'univers. Puissiez-vous être béni par de nombreux miracles tout au long de votre voyage.

MISE EN PRATIQUE

(1) Cultiver une forte croyance en la possibilité de miracles. Exemple : Prenez chaque jour le temps de réfléchir aux expériences passées de bénédictions inattendues ou de résultats positifs, en vous

rappelant qu'il s'agit de manifestations d'une puissance supérieure à l'œuvre.

(2) Se défaire de l'attachement à des résultats spécifiques. Exemple : Fixez des objectifs et des désirs, mais n'exigez pas qu'ils se réalisent d'une manière ou à un moment précis. Au lieu de cela, concentrez-vous sur l'alignement de vos pensées et de vos actions sur vos valeurs et vos intentions les plus élevées, en faisant confiance à l'univers pour obtenir le meilleur résultat possible.

(3) Cultiver la gratitude. Exemple : Tenez un journal de gratitude ou prenez quelques instants chaque jour pour réfléchir aux choses dont vous êtes reconnaissant. Cela changera votre énergie et votre vision des choses, et vous ouvrira à la possibilité de recevoir encore plus de bénédictions.

(4) Agissez en fonction de vos objectifs et de vos désirs tout en restant ouvert à la possibilité de miracles. Exemple : Faites de petits pas réguliers vers vos objectifs, tout en restant ouvert aux opportunités et aux conseils inattendus. Croyez que l'univers travaille en votre faveur, tout en sachant que le chemin vers le résultat souhaité n'est pas toujours celui que vous attendez.

5.4. RECONNAISSANCE ET GRATITUDE POUR LES MIRACLES

"Le véritable voyage de découverte ne consiste pas à chercher de nouveaux paysages, mais à avoir de nouveaux yeux." - Marcel Proust

Les miracles sont souvent considérés comme des événements extraordinaires qui défient toute explication et entraînent une transformation profonde. Ils se situent dans le domaine du mystique et du divin, un domaine auquel de nombreuses personnes souhaitent accéder. Reconnaître la présence de miracles dans sa vie est une étape essentielle pour cultiver un état d'esprit miraculeux. En outre, le fait d'éprouver de la gratitude pour ces événements miraculeux peut conduire à un plus grand bonheur, à un plus grand épanouissement et à un plus grand bien-être général.

Pour reconnaître les miracles, il est essentiel d'élargir sa perception de ce qui constitue un miracle. Les miracles peuvent revêtir de nombreuses formes, de l'apparemment banal au profondément transformateur. Par exemple, un miracle peut être une rencontre fortuite avec un étranger serviable, une solution inattendue à un problème de longue date ou une amélioration soudaine et inexplicable de l'état de santé. En s'ouvrant à la possibilité des miracles, on peut commencer à remarquer les façons subtiles et manifestes dont l'univers répond à ses besoins et à ses désirs.

La pratique de la pleine conscience peut aider à reconnaître la présence de miracles dans la vie. En se concentrant sur le moment présent, on peut s'accorder aux synchronicités et aux coïncidences qui se produisent autour de soi. Par exemple, on peut remarquer que l'on rencontre toujours la même séquence de chiffres ou que l'on croise toujours la même personne dans des contextes différents. Ces événements apparemment aléatoires peuvent contenir des messages ou des significations cachés qui peuvent guider et soutenir l'individu dans son cheminement.

La gratitude est une force puissante qui peut amplifier l'impact des miracles dans la vie d'une personne. Lorsqu'une personne exprime sa gratitude pour les miracles dont elle a fait l'expérience, elle envoie essentiellement à l'univers le message qu'elle est ouverte à recevoir davantage de ce qu'elle désire. En outre, la pratique de la gratitude peut aider à déplacer son attention de la pénurie et du manque vers l'abondance et la prospérité. En outre, le fait d'exprimer sa gratitude pour les miracles de sa vie peut favoriser un profond sentiment de paix intérieure et de satisfaction.

Pour cultiver la gratitude à l'égard des miracles, on peut commencer par tenir un journal de gratitude. Chaque jour, on peut écrire un miracle dont on a fait l'expérience et exprimer sa gratitude. Cette pratique peut aider à mieux apprécier les petits moments de grâce

et de beauté qui surviennent dans la vie. En outre, on peut partager ses histoires de miracles avec d'autres personnes, en diffusant une énergie positive et en aidant les autres à s'ouvrir à la possibilité d'expérimenter des miracles dans leur propre vie.

En conclusion, la reconnaissance et l'expression de la gratitude pour les miracles peuvent avoir un impact profond sur le bien-être et le bonheur en général. En élargissant sa perception de ce qui constitue un miracle et en cultivant une pratique de la pleine conscience et de la gratitude, on peut commencer à remarquer les façons subtiles et manifestes dont l'univers répond à ses besoins et à ses désirs. En outre, l'adoption d'un état d'esprit axé sur les miracles peut aider à puiser dans les possibilités infinies du divin, en favorisant un sentiment d'espoir, de foi et de confiance dans le pouvoir de l'univers.

MISE EN PRATIQUE

(1) Élargissez votre perception des miracles : Prenez le temps de réfléchir à ce que vous considérez comme un miracle et élargissez votre définition. Recherchez les petites choses de la vie, apparemment banales, qui vous apportent de la joie, de la surprise ou un sentiment d'émerveillement. Exemple : Au lieu de considérer les miracles comme des événements extraordinaires, commencez à reconnaître les miracles quotidiens dans votre vie, comme un magnifique coucher de soleil, un mot gentil d'un étranger ou un moment de paix dans la nature.

(2) Pratiquez la pleine conscience : Cultivez l'habitude d'être présent dans l'instant et de prêter attention aux synchronicités et aux coïncidences qui se produisent autour de vous. Exemple : avant de commencer votre journée, prenez quelques minutes pour observer votre environnement : Avant de commencer votre journée, prenez quelques minutes pour observer votre environnement et remarquez les schémas ou les connexions qui vous sautent aux yeux. Il peut s'agir de voir plusieurs fois la même séquence de chiffres ou de rencontrer la même personne dans des contextes différents. Réfléchissez aux messages ou aux significations possibles de ces événements.

(3) Tenez un journal de gratitude : Consacrez du temps chaque jour pour écrire au moins un miracle que vous avez vécu et exprimez

votre gratitude. Exemple : À la fin de chaque journée, écrivez dans votre journal un moment ou un événement spécifique qui vous a fait éprouver de la gratitude. Il peut s'agir de quelque chose d'aussi simple que de trouver une place de parking au moment où vous en aviez besoin, de recevoir une aide inattendue ou d'être témoin d'un acte de gentillesse. En vous concentrant sur ces moments, vous pouvez amplifier l'énergie positive et attirer plus de miracles dans votre vie.

(4) Partagez vos histoires de miracles : Diffusez de l'énergie positive en partageant vos expériences de miracles avec les autres et encouragez-les à s'ouvrir à la possibilité de vivre des miracles dans leur propre vie. Exemple : Lorsque vous rencontrez quelqu'un qui se sent découragé ou bloqué, partagez une histoire personnelle sur un miracle que vous avez vécu. Expliquez comment le fait de reconnaître les miracles et d'en être reconnaissant a apporté de la positivité et de l'épanouissement dans votre vie. Encouragez-les à rester ouverts aux possibilités et à adopter un état d'esprit d'espoir et de confiance dans l'univers.

(5) Exprimez votre gratitude pour les miracles de votre vie : Prenez le temps d'apprécier consciemment et d'exprimer votre gratitude pour les miracles que vous avez rencontrés. Exemple : Envisagez de commencer une pratique quotidienne de gratitude en exprimant verbalement votre reconnaissance pour les miracles de votre vie. Partagez votre reconnaissance avec vos proches, exprimez vos remerciements à l'univers ou créez un rituel de gratitude adapté à vos croyances et préférences personnelles. En reconnaissant et en appréciant constamment les miracles, vous en invitez davantage dans votre vie.

5.5. VIVRE UNE VIE MIRACULEUSE

"Il y a plus de choses au ciel et sur la terre, Horatio, que n'en rêve votre philosophie. - William Shakespeare

L'idée de vivre une vie miraculeuse peut initialement sembler inaccessible, voire fantaisiste. Pourtant, il s'agit simplement d'adopter un état d'esprit particulier et de cultiver une conscience accrue du monde qui vous entoure. Vivre une vie miraculeuse, c'est s'ouvrir aux possibilités illimitées de l'univers et reconnaître l'interconnexion de toutes les choses.

L'un des éléments essentiels d'une vie miraculeuse est la pratique de la gratitude. Lorsque nous nous concentrons sur l'abondance qui existe déjà dans notre vie, nous en attirons naturellement davantage. La gratitude change également notre perspective, nous permettant de voir la beauté et l'émerveillement dans les moindres moments. En cultivant une attitude de gratitude, nous pouvons transformer notre vie et créer un effet d'entraînement positif qui s'étend à ceux qui nous entourent.

Un autre aspect essentiel d'une vie miraculeuse est l'acceptation du moment présent. Nous sommes souvent tellement pris par nos pensées et nos soucis que nous oublions d'apprécier la beauté et l'émerveillement du présent. Lorsque nous nous engageons pleinement dans le moment présent, nous puisons dans une source de joie, d'épanouissement et de paix intérieure. L'acceptation du moment présent nous permet

également de nous connecter plus profondément avec les autres et de cultiver des relations significatives.

Pour vivre une vie miraculeuse, il est important de se débarrasser des croyances limitatives et d'adopter un état d'esprit de croissance. Les croyances limitatives peuvent nous empêcher de réaliser pleinement notre potentiel et nous empêcher de voir les possibilités qui existent. En remettant en question ces croyances et en nous ouvrant à de nouvelles façons de penser, nous pouvons accéder à une vision du monde plus riche et plus large. Un état d'esprit de croissance nous permet de considérer les défis comme des opportunités de croissance et d'apprentissage, plutôt que comme des obstacles à éviter.

Enfin, pour vivre une vie miraculeuse, il est essentiel de passer à l'action. S'il est essentiel de cultiver un état d'esprit miraculeux, il est tout aussi important de prendre des mesures pratiques pour créer la vie que nous désirons. Cela peut impliquer de se fixer des objectifs, de prendre des risques et de sortir de sa zone de confort. Lorsque nous alignons nos pensées, nos croyances et nos actions sur nos aspirations les plus élevées, nous pouvons manifester des miracles dans notre vie.

En conclusion, vivre une vie miraculeuse est à la portée de chacun d'entre nous. En pratiquant la gratitude, en embrassant le moment présent, en abandonnant les croyances limitatives et en agissant, nous pouvons puiser dans le potentiel infini de l'univers et créer une vie remplie d'émerveillement, de joie et d'épanouissement. N'oubliez pas que les miracles ne sont pas réservés à quelques privilégiés ; ils sont à la portée de tous ceux qui sont ouverts et réceptifs à la magie du monde qui les entoure.

MISE EN PRATIQUE

(1) Pratiquez la gratitude : Prenez quelques minutes chaque jour pour écrire trois choses dont vous êtes reconnaissant. Par exemple, vous pouvez être reconnaissant pour un magnifique lever de soleil, un ami qui vous soutient ou un délicieux repas. En reconnaissant et en appréciant l'abondance dans votre vie, vous attirerez plus de positivité et de joie.

(2) Accueillez le moment présent : Pratiquez la pleine conscience en vous immergeant totalement dans l'activité ou la situation en cours. Par exemple, lorsque vous mangez, savourez chaque bouchée et prêtez attention au goût et à la texture de la nourriture. En étant pleinement présent, vous pouvez ressentir plus de joie, de connexion et d'épanouissement à chaque instant.

(3) Remettez en question les croyances limitatives : Identifiez une croyance qui vous empêche de réaliser votre plein potentiel. Par exemple, si vous pensez que vous n'êtes pas assez intelligent pour poursuivre une certaine carrière, remettez en question cette croyance en dressant la liste de vos réalisations et de vos points forts. En

changeant d'état d'esprit et en adoptant un état d'esprit de croissance, vous pouvez vous ouvrir à de nouvelles possibilités et opportunités.

(4) Passez à l'action pour atteindre vos objectifs : Fixez des objectifs spécifiques et réalisables qui correspondent à vos aspirations. Par exemple, si vous souhaitez créer votre propre entreprise, établissez un calendrier et un plan d'action pour le lancement de votre projet. En prenant des mesures cohérentes et intentionnelles pour atteindre vos objectifs, vous pouvez manifester la vie que vous désirez et créer des miracles dans votre propre vie.

6. Surmonter les habitudes et les comportements destructeurs

6.1. Identifier les habitudes et les comportements destructeurs

"Nous ne pouvons pas changer notre passé, mais nous pouvons changer notre attitude envers lui. Déracinez les actes du passé, plantez les graines de l'avenir". - Swami Chinmayananda

L'identification des habitudes et des comportements destructeurs est une étape essentielle vers le développement personnel et l'amélioration de soi. Pour créer un changement durable, il est essentiel de reconnaître les schémas qui vous empêchent d'avancer et qui ont un impact négatif sur votre vie. Ce processus implique une profonde introspection, la conscience de soi et la volonté d'être honnête avec soi-même.

Commencez par faire l'inventaire des différents aspects de votre vie, tels que vos relations, votre carrière, votre santé et votre bien-être émotionnel. Soyez attentif aux défis récurrents, aux schémas de pensée négatifs ou aux situations qui

drainent constamment votre énergie. Ces aspects sont souvent des indicateurs d'habitudes et de comportements destructeurs qu'il convient de corriger. Voici quelques exemples courants :

1. La procrastination : Le fait de retarder des tâches ou des responsabilités importantes peut entraîner une augmentation du stress, une baisse de la productivité et des occasions manquées. Identifiez les raisons de votre procrastination, telles que la peur de l'échec, le perfectionnisme ou le manque de motivation, pour commencer à chercher des solutions.

2. L'abus de substances : La dépendance à l'égard des drogues, de l'alcool ou d'autres substances peut avoir des effets néfastes sur votre santé physique, émotionnelle et mentale. Si vous vous sentez constamment dépendant de substances pour faire face au stress, à l'anxiété ou à d'autres émotions, il est peut-être temps de demander de l'aide et d'explorer des mécanismes d'adaptation plus sains.

3. La suralimentation ou l'alimentation émotionnelle : L'utilisation de la nourriture comme source de réconfort ou comme moyen d'éviter de faire face à des émotions difficiles peut entraîner une prise de poids, une mauvaise alimentation et une baisse de l'estime de soi. En reconnaissant les éléments déclencheurs de l'alimentation émotionnelle, vous pouvez développer des stratégies alternatives pour gérer le stress et améliorer votre relation avec la nourriture.

4. Satisfaction des autres : Le fait de toujours donner la priorité aux besoins et aux désirs des autres plutôt qu'aux vôtres peut entraîner des sentiments de ressentiment, d'épuisement et une perception floue de soi. En prenant conscience de vos habitudes de satisfaction des autres, vous pouvez fixer des limites saines, prendre soin de vous et affirmer vos propres besoins et désirs.

5. Parler de soi de manière négative : La persistance de l'autocritique ou du doute peut éroder votre confiance en vous et entraver votre développement personnel. L'identification des schémas de pensée négatifs vous permettra de les reformuler en affirmations plus positives et plus affirmatives, ce qui favorisera une meilleure estime de soi.

Une fois les habitudes et les comportements destructeurs identifiés, l'étape suivante consiste à en explorer les causes profondes. Ce processus peut impliquer l'examen d'expériences passées, de croyances inconscientes ou de blessures émotionnelles qui contribuent à ces schémas. Grâce à une meilleure connaissance de soi et à une meilleure compréhension, vous pouvez commencer à élaborer des stratégies pour surmonter ces habitudes et les remplacer par des comportements positifs qui favorisent votre bien-être général et votre épanouissement personnel. N'oubliez pas qu'un changement durable est un voyage, alors soyez patient avec vous-même lorsque vous vous engagez sur la voie de la transformation.

MISE EN PRATIQUE

(1) Identifiez les raisons de la procrastination, telles que la peur de l'échec, le perfectionnisme ou le manque de motivation, pour commencer à chercher des solutions. Par exemple, si vous remettez souvent à plus tard des tâches importantes en raison de la peur de l'échec, vous pouvez commencer par vous fixer des objectifs plus modestes et réalisables et célébrer vos progrès en cours de route.

(2) Si vous vous sentez constamment dépendant de substances pour faire face au stress, à l'anxiété ou à d'autres émotions, il est peut-être temps de chercher de l'aide et d'explorer des mécanismes d'adaptation plus sains. Vous pouvez par exemple vous adresser à un groupe de soutien ou à un thérapeute pour aborder les émotions sous-jacentes

et développer d'autres stratégies de gestion du stress, comme la pratique de la pleine conscience ou l'activité physique.

(3) Reconnaissez les éléments déclencheurs de l'alimentation émotionnelle et développez des stratégies alternatives pour gérer le stress et améliorer votre relation avec la nourriture. Par exemple, au lieu de vous tourner vers la nourriture lorsque vous vous sentez stressé, vous pouvez essayer de vous adonner à un passe-temps ou de pratiquer des exercices de respiration profonde pour calmer votre esprit.

(4) Prenez conscience de vos habitudes de satisfaction des autres et fixez des limites saines, prenez soin de vous et affirmez vos propres besoins et désirs. Par exemple, si vous vous surprenez à toujours dire oui aux demandes des autres au détriment de votre propre bien-être, vous pouvez commencer par vous entraîner à dire non et à donner la priorité à vos propres besoins.

(5) Identifiez les schémas de pensée négatifs et reformulez-les en affirmations plus positives et plus affirmatives, afin de promouvoir une meilleure estime de soi. Par exemple, si vous vous surprenez à vous autocritiquer, vous pouvez consciemment remplacer ces pensées négatives par des affirmations pleines de compassion telles que "Je fais de mon mieux" ou "Je suis digne d'être aimé et accepté".

(6) N'oubliez pas que la clé de la mise en œuvre de ces actions est la pratique constante et l'auto-réflexion. En faisant de petits pas vers le changement et en étant patient avec vous-même, vous pouvez progressivement transformer des habitudes et des comportements destructeurs en habitudes et comportements positifs qui favorisent votre développement personnel et votre bien-être général.

6.2. COMPRENDRE LES CAUSES PROFONDES DES COMPORTEMENTS DESTRUCTEURS

"Aucun homme n'est une île à part entière ; chaque homme est un morceau du continent, une partie de l'ensemble. - John Donne

Les habitudes et les comportements destructeurs sont souvent le fruit d'une interaction complexe entre divers facteurs, notamment des prédispositions biologiques, des influences environnementales et des problèmes émotionnels non résolus. Il est essentiel de comprendre les causes profondes de ces schémas pour les perturber et initier un changement durable. Cette section explore certains des facteurs sous-jacents les plus courants qui contribuent aux tendances autodestructrices.

L'une des principales sources de comportements destructeurs réside dans la douleur émotionnelle non résolue, en particulier pendant l'enfance. Les expériences négatives vécues pendant l'enfance, telles que les traumatismes, la négligence ou la maltraitance, peuvent profondément façonner le paysage émotionnel d'un individu. Pour tenter de faire face à des sentiments accablants, les individus peuvent adopter des stratégies néfastes, telles que l'abus de substances ou l'automutilation, afin d'endormir leur douleur. En s'attaquant aux blessures émotionnelles sous-jacentes, les individus peuvent développer des mécanismes d'adaptation plus sains et favoriser un plus grand sentiment d'auto-compassion.

L'influence des normes sociétales et culturelles est un autre facteur contribuant aux schémas destructeurs. Dans de nombreuses sociétés, il existe une pression énorme pour se conformer à certaines attentes en matière d'apparence, de réussite et de relations. Cela peut conduire les individus à adopter des comportements néfastes, tels qu'une consommation excessive d'alcool ou des troubles de l'alimentation, afin de s'intégrer ou d'atteindre une certaine perfection. Développer la conscience de soi face à ces pressions externes et cultiver un fort sentiment d'estime de soi peut aider les individus à se libérer des cycles destructeurs.

Des facteurs biologiques, tels que des prédispositions génétiques ou des déséquilibres dans la chimie du cerveau, peuvent également contribuer à des comportements autodestructeurs. Par exemple, les personnes ayant des antécédents familiaux de toxicomanie peuvent être plus sensibles à l'abus de substances. En outre, les déséquilibres dans les neurotransmetteurs, tels que la dopamine et la sérotonine, peuvent influencer l'humeur, le contrôle des impulsions et les capacités de prise de décision. Le traitement de ces facteurs biologiques sous-jacents par des thérapies appropriées, telles que les médicaments ou le neurofeedback, peut jouer un rôle crucial dans la lutte contre les comportements autodestructeurs.

En résumé, il est essentiel de comprendre les causes profondes des habitudes et des comportements destructeurs pour les surmonter. En reconnaissant l'influence des douleurs émotionnelles non résolues, des pressions sociales et des prédispositions biologiques, les individus peuvent développer une compréhension plus complète de leurs schémas d'autodestruction. Grâce à cette compréhension, ils peuvent commencer à adopter des mécanismes d'adaptation plus sains, à cultiver un sentiment plus fort d'estime de soi et à rechercher des interventions appropriées pour traiter les facteurs biologiques sous-jacents. Cette approche holistique permet aux individus de rompre les cycles d'autodestruction et de cultiver un changement durable.

MISE EN PRATIQUE

(1) Développer la conscience de soi face aux pressions extérieures et cultiver un fort sentiment d'estime de soi. Exemple : Une personne qui souffre de troubles alimentaires en raison des pressions sociales qui l'obligent à avoir une certaine apparence peut commencer par prendre conscience de ces pressions externes et comprendre comment elles contribuent à son comportement destructeur. Elle peut ensuite s'efforcer d'acquérir une solide estime de soi, en se valorisant pour ce qu'elle est plutôt que pour son apparence.

(2) S'attaquer aux blessures émotionnelles sous-jacentes et développer des mécanismes d'adaptation plus sains. Exemple : Une personne qui s'automutile pour faire face à une douleur émotionnelle non résolue datant de l'enfance peut suivre une thérapie ou des conseils pour s'attaquer à ces blessures sous-jacentes. Grâce à la thérapie, elle peut apprendre des mécanismes d'adaptation plus sains, tels que des techniques de pleine conscience ou des moyens créatifs, pour gérer ses émotions d'une manière plus saine.

(3) Rechercher des interventions appropriées pour traiter les facteurs biologiques sous-jacents. Exemple : Une personne ayant des antécédents familiaux de toxicomanie et une prédisposition génétique à l'abus de substances peut consulter un professionnel de la santé pour étudier les interventions appropriées. Il peut s'agir de médicaments, de tests génétiques ou de neurofeedback pour remédier à tout déséquilibre de la chimie du cerveau et réduire la probabilité d'adopter des comportements autodestructeurs.

(4) Favoriser un plus grand sentiment d'autocompassion. Exemple : Les personnes qui adoptent des comportements destructeurs en raison d'une douleur émotionnelle non résolue peuvent s'efforcer de développer l'autocompassion. Cela peut impliquer de prendre soin de soi, d'être gentil avec soi-même et de se traiter avec compréhension et pardon. En cultivant l'autocompassion, les individus peuvent commencer à guérir de leurs blessures émotionnelles et réduire le besoin de mécanismes d'adaptation autodestructeurs.

(5) Adopter des mécanismes d'adaptation plus sains. Exemple : Les personnes qui recourent à la toxicomanie ou à d'autres stratégies néfastes pour endormir leur douleur émotionnelle peuvent explorer et adopter des mécanismes d'adaptation plus sains. Il peut s'agir de faire régulièrement de l'exercice, de pratiquer la méditation ou la pleine conscience, de se joindre à des groupes de soutien ou de demander de l'aide à un professionnel. En remplaçant les comportements destructeurs par des solutions plus saines, les individus peuvent renforcer leur résilience et mieux gérer leurs émotions.

(6) Cultiver une compréhension globale des schémas d'autodestruction. Exemple : En prenant le temps de réfléchir à leurs comportements et en demandant l'aide d'un conseiller ou d'un coach, les individus peuvent acquérir une compréhension globale de leurs schémas d'autodestruction. Il peut s'agir de tenir un journal, de faire des exercices d'autoréflexion ou de discuter de ses expériences avec un professionnel. Cette compréhension peut ensuite servir de base à l'élaboration de stratégies visant à perturber et à surmonter ces schémas.

6.3. STRATÉGIES POUR SURMONTER LES HABITUDES DESTRUCTRICES

> *"Les chaînes de l'habitude sont trop faibles pour être ressenties jusqu'à ce qu'elles soient trop fortes pour être brisées. - Samuel Johnson*

La section "Stratégies pour surmonter les habitudes destructrices" pourrait se pencher sur les mesures tangibles et réalisables que les individus peuvent prendre pour identifier et modifier les schémas néfastes. En se concentrant sur la connaissance de soi, en cherchant du soutien, en utilisant des techniques cognitivo-comportementales et en pratiquant l'autocompassion, les individus peuvent surmonter même leurs habitudes destructrices les plus profondément ancrées.

Commencez par reconnaître les déclencheurs et les habitudes. La conscience de soi est le fondement de la transformation des habitudes. Observez consciemment vos pensées, vos sentiments et vos sensations physiques liés à l'habitude. Tenez un journal pour noter ces réactions au fur et à mesure qu'elles se produisent, ce qui peut aider à révéler des schémas et des déclencheurs sous-jacents.

Recherchez le soutien d'autres personnes. Vaincre les habitudes destructrices n'est pas toujours un effort qu'il vaut mieux entreprendre seul. Rejoignez un groupe de soutien ou demandez l'aide d'un thérapeute ou d'un coach. Le fait d'être en contact avec d'autres personnes qui ont été confrontées à des défis similaires peut fournir des informations précieuses et encourager la persévérance dans les moments difficiles.

Des techniques cognitivo-comportementales peuvent être employées pour aider à briser le cycle des habitudes destructrices. Cette approche consiste à identifier les schémas de pensée négatifs associés au comportement et à s'efforcer consciemment de les remplacer par des alternatives positives. La visualisation et les affirmations peuvent contribuer à renforcer de nouveaux schémas plus sains. En outre, le remplacement d'anciennes habitudes par des habitudes plus positives peut faciliter le processus. Par exemple, si l'habitude destructrice est le temps excessif passé devant un écran, essayez plutôt de vous adonner à la méditation, à la lecture ou à un passe-temps créatif.

Pratiquer l'autocompassion est essentiel lorsqu'on tente de se libérer d'habitudes destructrices. Souvent, les individus sont les plus durs à critiquer lorsqu'ils essaient de changer de comportement. Rappelez-vous que les échecs font partie du processus normal et traitez vous avec gentillesse et compréhension. Ne laissez pas les faux pas temporaires faire dérailler vos progrès ; au contraire, tirez-en des leçons et continuez à aller de l'avant.

Enfin, restez cohérent. Les habitudes prennent du temps à se développer, et il faudra du temps et de la patience pour s'en libérer. Célébrez les petites victoires et restez concentré sur votre objectif final. En appliquant systématiquement ces stratégies, les individus peuvent réussir à se débarrasser de leurs habitudes destructrices et mener une vie plus satisfaisante.

MISE EN PRATIQUE

(1) Pratiquez la conscience de soi en observant consciemment les pensées, les sentiments et les sensations physiques qui entourent une habitude destructrice. Exemple : Tenez un journal pour suivre ces réactions et identifier les schémas sous-jacents et les éléments déclencheurs. Par exemple, si l'habitude destructrice est l'excès de nourriture, observez les émotions et les situations qui conduisent à l'excès de nourriture, comme le stress ou l'ennui.

(2) Recherchez le soutien d'autres personnes en rejoignant un groupe de soutien ou en demandant l'aide d'un thérapeute ou d'un coach. Exemple : Entrez en contact avec d'autres personnes qui ont surmonté des habitudes destructrices similaires et partagez vos expériences et vos stratégies de réussite. Rejoindre un groupe de personnes qui ont arrêté de fumer, par exemple, peut fournir des informations précieuses et des encouragements pendant le processus difficile de l'arrêt du tabac.

(3) Utiliser des techniques cognitives et comportementales pour briser le cycle des habitudes destructrices. Exemple : Identifier les schémas de pensée négatifs associés à l'habitude et s'efforcer consciemment de les remplacer par des alternatives positives. Par exemple, si l'habitude destructrice est la procrastination, remettez en question la croyance selon laquelle "je travaille mieux sous pression" en créant un nouveau mantra tel que "commencer tôt me permet de produire un travail de meilleure qualité".

(4) Pratiquez l'autocompassion en vous traitant avec gentillesse et compréhension tout au long du processus de libération des habitudes destructrices. En cas d'échec, au lieu de se critiquer, reconnaissez que les échecs sont normaux et qu'ils sont l'occasion d'apprendre et de progresser. Par exemple, si l'échec consiste à sauter une séance d'entraînement, rappelez-vous qu'il est normal d'avoir une journée creuse et concentrez-vous sur la reprise le jour suivant.

(5) Restez cohérent et célébrez les petites victoires. Exemple : Fixez de petits objectifs réalisables pour vaincre l'habitude et célébrez chaque étape franchie. Si l'habitude destructrice est de trop dépenser, fixez-vous pour objectif d'économiser une certaine somme d'argent chaque semaine. Lorsque vous aurez réussi à économiser le montant fixé, récompensez-vous en vous faisant une petite gâterie ou en vous adonnant à votre activité préférée. Ce renforcement positif vous aidera à maintenir votre motivation et à progresser vers l'objectif final, qui est de vous libérer de cette habitude destructrice.

6.4. DÉVELOPPER DES HABITUDES ET DES COMPORTEMENTS POSITIFS

"Nous faisons d'abord nos habitudes, puis nos habitudes nous font. - John Dryden

Pour adopter un mode de vie positif, il faut cultiver de nouvelles habitudes et de nouveaux comportements qui remplacent les anciens schémas malsains. En comprenant les mécanismes de la formation des habitudes et en mettant en œuvre des stratégies de changement, vous pouvez réussir à établir des routines qui contribuent à votre bien-être général et à votre bonheur.

La première étape pour développer des habitudes et des comportements positifs consiste à se fixer des objectifs clairs et réalisables. Ces objectifs servent de base à votre transformation et vous donnent une orientation. Veillez à ce que vos objectifs soient spécifiques, mesurables, réalisables, pertinents et limités dans le temps (SMART) afin de pouvoir suivre vos progrès et maintenir votre motivation.

Une fois vos objectifs fixés, identifiez les petites étapes à franchir pour les atteindre. Décomposez vos grands objectifs en petites tâches, ce qui facilitera l'intégration progressive de nouvelles habitudes dans votre routine quotidienne. Cette approche permet d'éviter le sentiment d'accablement et augmente les chances de réussite à long terme.

Un autre facteur essentiel pour développer des habitudes positives est de créer un environnement favorable. Entourez-vous de personnes qui vous soutiennent et vous encouragent, et minimisez l'exposition aux éléments déclencheurs susceptibles de vous faire retomber dans des schémas négatifs. En outre, désignez des moments et des lieux spécifiques pour prendre vos nouvelles habitudes afin d'établir une cohérence et un renforcement.

La visualisation est un outil puissant pour créer des habitudes, car elle prépare votre esprit à la réussite. Visualisez-vous régulièrement en train d'adopter des comportements positifs, en vous concentrant sur les sentiments d'accomplissement et de satisfaction qui y sont associés. Cette pratique renforce les voies neuronales, ce qui facilite l'incarnation des actions souhaitées et renforce la conviction que vous êtes capable de changer.

La responsabilisation joue un rôle important dans la formation des habitudes. Pensez donc à demander l'aide d'un ami de confiance ou d'un mentor pour vous soutenir dans votre démarche. Le fait de partager vos objectifs et vos progrès avec quelqu'un d'autre peut vous motiver, vous encourager et vous guider lorsque vous êtes confronté à des difficultés ou à des échecs. En outre, le fait de célébrer les étapes et les réalisations en cours de route renforce les avantages de vos nouvelles habitudes et favorise un état d'esprit de croissance.

Enfin, l'autocompassion est essentielle pour développer des habitudes et des comportements positifs. Reconnaissez que les revers font inévitablement partie du processus et offrez-vous de la gentillesse et de la compréhension plutôt que de recourir à l'autocritique. Au lieu de considérer les faux pas comme des échecs, voyez-les comme des occasions d'apprendre et d'affiner votre approche. En pratiquant l'autocompassion et en conservant une certaine perspective, vous pouvez renforcer votre résilience et continuer à avancer sur la voie de l'épanouissement personnel et du bien-être.

MISE EN PRATIQUE

(1) Fixer des objectifs clairs et réalisables. Exemple : Au lieu de vous fixer un objectif vague comme "être en meilleure santé", fixez un objectif spécifique et réalisable comme "faire de l'exercice pendant 30 minutes, trois fois par semaine". Cet objectif clair vous donne une direction et vous permet de suivre vos progrès.

(2) Décomposer les grands objectifs en étapes gérables. Exemple : Si votre objectif est d'adopter une alimentation plus saine, décomposez-le en étapes plus petites, comme "remplacer chaque jour un en-cas malsain par un fruit". En procédant par petites étapes, vous pouvez intégrer progressivement de nouvelles habitudes dans votre routine sans vous sentir dépassé.

(3) Créer un environnement favorable. Exemple : Entourez-vous d'amis qui souhaitent également améliorer leur santé et créez un groupe où vous pourrez partager des recettes saines, des conseils pour faire de l'exercice et vous soutenir mutuellement dans la réalisation de vos objectifs. Il est plus facile de conserver de nouvelles habitudes si l'on est entouré d'une communauté positive et solidaire.

(4) Visualiser le succès. Exemple : Avant de commencer un exercice difficile, visualisez-vous en train de le terminer et de vous sentir fort et accompli. Cette visualisation prépare votre esprit à la réussite et augmente votre confiance en votre capacité à atteindre vos objectifs.

(5) Demander des comptes. Exemple : Demandez à un ami proche ou à un membre de votre famille d'être votre partenaire de responsabilisation. Faites-lui part de vos objectifs et prenez régulièrement de ses nouvelles pour discuter de vos progrès. Le fait de savoir que quelqu'un d'autre vous soutient et vous demande des comptes peut renforcer votre motivation et vous aider à rester sur la bonne voie.

(6) Pratiquer l'autocompassion. Exemple : Si vous avez un revers et que vous vous laissez tenter par un en-cas malsain, au lieu de vous critiquer, pratiquez l'autocompassion. Comprenez que les échecs font partie du processus et considérez-les comme des occasions d'apprendre et d'améliorer votre approche de l'acquisition d'habitudes saines. Traitez-vous avec gentillesse et compréhension.

(7) Célébrez les étapes et les réalisations. Exemple : Lorsque vous atteignez une étape importante, comme faire régulièrement de l'exercice pendant un mois, récompensez-vous avec quelque chose de significatif pour célébrer vos progrès. La reconnaissance et la célébration des réussites renforcent les avantages de vos nouvelles habitudes et vous motivent à poursuivre sur la voie de l'épanouissement personnel.

6.5. Soutenir un changement durable

"L'habitude est soit le meilleur des serviteurs, soit le pire des maîtres. - Nathaniel Emmons

Pour se libérer efficacement des habitudes et des comportements destructeurs, il est essentiel de s'engager dans un changement à long terme. Si l'adoption de nouvelles stratégies peut donner des résultats immédiats, il peut s'avérer difficile de maintenir les progrès accomplis. Pour soutenir un changement durable, il convient de prendre en compte les quatre principes clés suivants.

Tout d'abord, il est essentiel de cultiver la conscience de soi pour suivre ses progrès et identifier les pièges potentiels. Une auto-réflexion régulière vous permet de rester en contact avec vos objectifs et de comprendre vos schémas émotionnels. En reconnaissant les déclencheurs et les situations à risque, vous pouvez anticiper et vous préparer à d'éventuels revers. L'intégration de pratiques de pleine conscience, telles que la méditation ou la tenue d'un journal, peut grandement contribuer au développement de la conscience de soi.

Deuxièmement, la création d'un solide réseau de soutien composé d'amis, de membres de la famille et de professionnels de la santé mentale peut vous apporter des conseils et des encouragements précieux tout au long de votre parcours. Partager vos expériences et vos difficultés avec des personnes de confiance favorise la responsabilisation et la prise de recul. Demander conseil à des professionnels spécialisés dans le changement de comportement peut offrir des techniques fondées sur des preuves, adaptées à vos besoins spécifiques. En outre, le fait d'entrer en contact avec une communauté de personnes partageant les mêmes idées peut être source d'inspiration, de camaraderie et d'un sentiment d'appartenance.

La mise en place d'une routine structurée est un autre élément essentiel au maintien d'un changement durable. L'intégration de pratiques quotidiennes qui favorisent les soins personnels, la relaxation et l'acquisition de compétences augmente les chances de réussite. La constance dans la routine crée un sentiment de sécurité et de prévisibilité, ce qui facilite l'adhésion à de nouvelles habitudes positives. Une routine bien équilibrée doit prendre en compte différents aspects de votre bien-être, tels que la santé physique, la clarté mentale et la régulation émotionnelle.

Enfin, il est essentiel de cultiver la patience et la compassion envers soi-même pour maintenir un changement durable. Il est important de se rappeler que le changement est un processus graduel, souvent accompagné de revers. Au lieu de considérer ces moments comme des échecs, utilisez-les comme des occasions d'apprendre et de grandir. Traitez-vous avec gentillesse et compréhension,

en reconnaissant que chaque pas en avant, aussi petit soit-il, constitue un progrès. En faisant preuve de patience et d'autocompassion, vous renforcez votre résilience et développez un état d'esprit de croissance, ce qui vous permet de maintenir un changement à long terme et d'évoluer vers la meilleure version de vous-même.

MISE EN PRATIQUE

(1) Cultiver la conscience de soi par une réflexion régulière sur soi, par exemple par des pratiques de pleine conscience telles que la méditation ou la tenue d'un journal. Exemple : Consacrez 10 minutes chaque matin à la méditation pour devenir plus conscient de vos pensées et de vos émotions.

(2) Créez un réseau de soutien solide composé d'amis, de membres de la famille et de professionnels de la santé mentale qui vous guideront et vous encourageront. Exemple : Planifiez une rencontre hebdomadaire avec un ami ou un membre de la famille en qui vous avez confiance pour lui faire part de vos difficultés et de vos progrès sur la voie du changement.

(3) Établir une routine structurée qui incorpore des pratiques quotidiennes favorisant les soins personnels, la relaxation et l'acquisition de compétences. Exemple : Réserver 30 minutes chaque soir à la lecture ou à l'apprentissage d'une nouvelle compétence, comme jouer d'un instrument de musique ou pratiquer une langue étrangère.

(4) Cultiver la patience et la compassion envers soi-même, en reconnaissant que le changement est un processus graduel avec des revers. Exemple : Chaque fois que vous rencontrez un revers, rappelez-vous que c'est une occasion d'apprendre et de grandir, et pratiquez l'autocompassion en vous traitant avec gentillesse et compréhension.

7. Accueillir le moment présent

"Vivez chaque saison comme elle passe ; respirez l'air, buvez la boisson, goûtez les fruits, et résignez-vous à l'influence de chacune d'entre elles." - Henry David Thoreau

La pleine conscience est une pratique transformatrice qui apporte de profonds bénéfices dans tous les aspects de la vie. À la base, la pleine conscience consiste à se concentrer intentionnellement et sans jugement sur le moment présent, en cultivant une conscience ouverte et réceptive de ses pensées, de ses émotions et de ses sensations physiques. En s'engageant pleinement et consciemment dans le présent, les individus peuvent développer une meilleure compréhension d'eux-mêmes, relever les défis de la vie avec plus de facilité et favoriser des liens authentiques avec les autres.

L'un des principaux avantages de la pleine conscience est sa capacité à améliorer le bien-être mental. La vie moderne est marquée

par le stress, l'anxiété et la négativité, d'où la nécessité de trouver des stratégies efficaces pour gérer ces problèmes. La recherche a montré que les pratiques de pleine conscience, telles que la méditation, peuvent réduire de manière significative les niveaux de stress et d'anxiété en calmant l'esprit et en favorisant la régulation émotionnelle. En retour, cela favorise l'amélioration de la clarté mentale, de la concentration et du fonctionnement cognitif global, ce qui permet aux individus de mieux gérer leur vie quotidienne.

En outre, la pleine conscience encourage la compassion et la connaissance de soi. En observant ses pensées et ses émotions sans porter de jugement, l'individu peut cultiver une relation plus compatissante et plus tolérante avec lui-même. Cette nouvelle conscience de soi permet aux individus d'identifier les schémas de pensée et les comportements négatifs, ce qui leur permet de faire des choix conscients qui contribuent à leur croissance et à leur bien-être.

La pleine conscience est également la clé du développement de relations plus fortes et plus significatives. En devenant plus présents et attentifs dans leurs interactions, les individus peuvent se connecter véritablement aux autres, ce qui favorise l'empathie, la compréhension et une communication ouverte. En outre, la pleine conscience encourage des réactions émotionnelles plus saines, réduisant ainsi la probabilité de conflits et améliorant la satisfaction globale de la relation.

Intégrer la pleine conscience dans la vie quotidienne est un processus qui demande de la patience et de la persévérance. Des pratiques simples telles que la méditation, la respiration attentive ou les exercices de balayage corporel peuvent être effectuées régulièrement pour établir une base solide pour la vie en pleine conscience. En outre, s'engager activement dans la pleine conscience tout au long de la journée en ramenant constamment son attention sur le moment présent peut contribuer à créer un changement de conscience durable et transformateur.

En fin de compte, le pouvoir de la pleine conscience réside dans sa capacité à modifier fondamentalement l'expérience de la vie. En cultivant consciemment la conscience du moment présent et l'autocompassion, les individus peuvent libérer leur plein potentiel, relever les défis avec grâce et forger des liens significatifs avec eux-mêmes et avec les autres. Grâce à une pratique assidue et à la persévérance, la pleine conscience peut servir de phare sur le chemin du développement personnel, de la sagesse et de la paix intérieure.

MISE EN PRATIQUE

(1) Incorporez des pratiques de pleine conscience dans votre vie quotidienne : Pratiquez régulièrement la méditation, la respiration attentive ou des exercices de balayage corporel afin d'établir une base solide pour la vie en pleine conscience. Par exemple, commencez chaque jour par une séance de méditation de 10 minutes pour cultiver un sentiment de calme et de clarté avant de commencer la journée.

(2) Cultiver la compassion et la conscience de soi : Observer les pensées et les émotions sans porter de jugement, ce qui permet d'établir une relation plus compatissante et plus tolérante avec soi-même. Par exemple, lorsque vous êtes confronté à une situation difficile, prenez un moment pour reconnaître tout discours négatif ou toute autocritique et remplacez-les par des pensées bienveillantes et encourageantes.

(3) Développer la conscience du moment présent : Ramenez continuellement votre attention sur le moment présent tout au long de la journée afin d'améliorer la pleine conscience. Par exemple, lors d'une conversation avec quelqu'un, concentrez-vous sur l'écoute active de ses paroles, l'observation de son langage corporel et l'engagement total dans l'interaction sans distraction.

(4) Favoriser des relations authentiques avec les autres : Entraînez-vous à être présent et attentif dans vos interactions afin de favoriser l'empathie, la compréhension et une communication ouverte. Par exemple, lors d'une conversation avec un ami, écoutez activement

ses préoccupations, validez ses émotions et répondez avec empathie plutôt que de vous précipiter pour apporter des solutions.

(5) Réduire les niveaux de stress et d'anxiété grâce à des pratiques de pleine conscience : Participez régulièrement à des séances de méditation ou à d'autres activités de pleine conscience pour calmer votre esprit et favoriser la régulation de vos émotions. Par exemple, lors d'une situation stressante, prenez quelques instants pour respirer profondément et observer les tensions ou l'anxiété dans votre corps, afin de les relâcher naturellement.

(6) Identifier les schémas de pensée et les comportements négatifs : Cultiver la conscience de soi pour reconnaître les schémas de pensée et les comportements négatifs qui peuvent entraver le développement personnel et le bien-être. Par exemple, la tenue d'un journal quotidien des pensées et des émotions peut aider à découvrir des schémas négatifs récurrents et donner l'occasion de choisir consciemment des pensées plus positives et plus valorisantes.

(7) Faites preuve de patience et de persévérance dans l'intégration de la pleine conscience : Comprenez que l'intégration de la pleine conscience dans la vie quotidienne est un processus graduel qui requiert patience et persévérance. Par exemple, réservez chaque jour un temps spécifique à la pratique de la pleine conscience et engagez-vous à vous y tenir, même lorsque vous êtes confronté à des distractions ou à des défis.

(8) Intégrer des pratiques de pleine conscience dans la vie quotidienne Exemple : Sarah décide de consacrer 15 minutes chaque matin à la pratique de la respiration en pleine conscience. Elle trouve un endroit calme chez elle, s'assoit confortablement et concentre son attention sur sa respiration, observant les sensations de l'inspiration et de l'expiration. En intégrant cette pratique de la pleine conscience dans sa routine quotidienne, Sarah éprouve un plus grand sentiment de calme et de clarté mentale tout au long de la journée.

(9) Cultiver la compassion et la conscience de soi Exemple : Jean remarque qu'il a tendance à se parler négativement et à s'autocritiquer chaque fois qu'il commet une erreur au travail. Il commence à pratiquer l'autocompassion en reconnaissant ses erreurs sans jugement et en se traitant avec gentillesse et compréhension. En conséquence,

Jean développe une relation plus compatissante avec lui-même, ce qui lui permet d'apprendre et de grandir à partir de ses erreurs plutôt que de les ressasser.

(10) Développer la conscience du moment présent Exemple : Lors d'un dîner en famille, Lisa choisit consciemment de ranger son téléphone, d'écouter activement les membres de sa famille et de s'engager pleinement dans la conversation. En ramenant son attention sur le moment présent et en étant pleinement présente avec ses proches, Lisa approfondit son lien avec eux et favorise une expérience plus significative et plus agréable du dîner familial.

(11) Favoriser des relations authentiques avec les autres Exemple : Michael participe à un événement de réseautage et s'efforce d'être présent et attentif dans ses conversations. Il écoute activement les histoires des autres, pose des questions pertinentes et montre un intérêt sincère pour leurs pensées et leurs expériences. Grâce à cette interaction attentive, Michael établit des liens authentiques avec d'autres professionnels et crée des opportunités de collaboration et de soutien mutuel.

(12) Réduire les niveaux de stress et d'anxiété grâce à des pratiques de pleine conscience Exemple : Emily intègre une séance de méditation de 10 minutes dans sa routine quotidienne pour réduire le stress et l'anxiété. Au cours d'une journée de travail bien remplie, lorsqu'elle commence à se sentir dépassée, elle fait une courte pause, trouve un endroit calme et pratique la respiration profonde et la méditation en pleine conscience. Cela lui permet de calmer son esprit, de réguler ses émotions et d'aborder ses tâches professionnelles avec plus de concentration et de clarté.

(13) Identifier les schémas de pensée et de comportement négatifs Exemple : Marc commence à tenir un journal de ses pensées et de ses émotions chaque soir afin d'identifier les schémas de pensée négatifs qui peuvent avoir un impact sur son bien-être. En lisant son journal, Marc se rend compte qu'il tombe souvent dans un cycle de doute de soi et de discours négatif lorsqu'il est confronté à des situations difficiles. En reconnaissant ces schémas, Mark devient plus conscient de leur impact et peut choisir consciemment des pensées plus positives et plus valorisantes dans des situations similaires.

(14) Faire preuve de patience et de persévérance dans l'intégration de la pleine conscience Exemple : Susan s'est fixé pour objectif d'intégrer la pleine conscience dans sa vie quotidienne, mais elle a du mal à rester cohérente. Malgré des obstacles tels qu'un emploi du temps chargé ou des distractions, Susan persiste dans son engagement à suivre des cours hebdomadaires de pleine conscience et à pratiquer la méditation tous les jours. Grâce à la patience et à la persévérance, elle développe progressivement une pratique cohérente de la pleine conscience qui lui apporte une plus grande paix intérieure et un bien-être général.

7.2. VIVRE PLEINEMENT LE MOMENT PRÉSENT

"L'instant présent est le seul temps sur lequel nous ayons prise. - Léonard de Vinci

Vivre pleinement le moment présent est l'art d'embrasser la vie telle qu'elle se déroule avec une attention, une acceptation et un engagement inébranlables. Il s'agit de laisser tomber les préoccupations du passé et les inquiétudes concernant l'avenir, pour s'immerger complètement dans l'expérience actuelle.

L'une des clés pour vivre pleinement le moment présent est de pratiquer la pleine conscience. La pleine conscience consiste à se concentrer sur le moment présent, sans jugement ni distraction. Elle peut être cultivée par diverses pratiques, telles que la méditation, le yoga ou le simple fait de prendre quelques instants pour se concentrer sur sa respiration ou sur les sensations de son corps. En développant la pleine conscience, on peut apprendre à apporter plus de clarté et d'intention à chaque instant, ce qui permet d'avoir une vie plus épanouissante et plus significative.

Un autre aspect important de la vie dans le moment présent consiste à se défaire des attachements et des attentes.

Lorsque nous nous attachons à des résultats ou à des attentes particulières, nous risquons de passer à côté de la beauté et de l'émerveillement du moment présent. En abandonnant ces attachements et en permettant simplement à la vie de se dérouler comme elle l'entend, nous pouvons faire l'expérience d'une plus grande liberté, d'une plus grande joie et d'une plus grande gratitude.

S'engager pleinement dans le moment présent implique également d'être ouvert à de nouvelles expériences et de participer activement à la vie. Cela peut signifier essayer de nouvelles choses, prendre des risques ou simplement être plus présent dans nos activités quotidiennes. En nous engageant pleinement dans le moment présent, nous pouvons développer un sens et un objectif qui transcendent l'expérience individuelle.

Vivre pleinement le moment présent peut également impliquer de cultiver un sentiment de gratitude pour le moment présent. Il peut s'agir de prendre le temps, chaque jour, de réfléchir aux aspects positifs de sa vie, tels que les relations, la santé et les possibilités d'évolution. En se concentrant sur les aspects positifs du moment présent, on peut cultiver un sentiment de bien-être et de satisfaction qui peut nous soutenir dans les moments difficiles.

En fin de compte, vivre pleinement le moment présent est une pratique permanente qui exige dévouement et intentionnalité. En cultivant la pleine conscience, en abandonnant les attachements et les attentes, en s'engageant pleinement dans la vie et en cultivant la gratitude, on peut apprendre à vivre plus pleinement dans le moment présent, en éprouvant plus de joie, de sens et d'épanouissement dans la vie.

En conclusion, vivre pleinement le moment présent est une pratique puissante qui peut aider les individus à cultiver plus de joie, de sens et d'épanouissement dans la vie. En concentrant son attention sur le moment présent, en abandonnant ses attaches et ses attentes, en s'engageant pleinement dans la vie et en cultivant la gratitude, on peut apprendre à vivre plus attentivement et plus intentionnellement, en expérimentant chaque instant avec plus de clarté, de concentration et d'objectif. Que ce soit en pratiquant la pleine conscience, en s'engageant dans de nouvelles expériences ou en prenant chaque jour le temps de réfléchir aux bonnes choses de sa vie, vivre pleinement le moment présent est une pratique qui peut être bénéfique à toute personne cherchant à mener une vie plus épanouissante et pleine de sens.

MISE EN PRATIQUE

(1) Pratiquez la pleine conscience : Prenez quelques instants chaque jour pour vous concentrer sur votre respiration ou sur les sensations de votre corps. Cela peut se faire par la méditation, le yoga ou simplement en faisant une pause et en étant pleinement présent dans l'instant. Exemple : Réservez 10 minutes chaque matin pour vous asseoir dans un espace calme et vous concentrer sur votre respiration. Remarquez les sensations dans votre corps et ramenez votre attention à chaque fois que votre esprit commence à vagabonder.

(2) Laissez tomber les attachements et les attentes : Se défaire du besoin de contrôler les résultats et embrasser le moment présent tel qu'il se déroule. Exemple : Au lieu de vous inquiéter du déroulement d'un événement social, abordez-le avec un esprit ouvert et sans attentes. Autorisez-vous à être pleinement présent dans l'instant et à accueillir ce qui se passe.

(3) S'engager pleinement dans la vie : Participez activement à de nouvelles expériences et soyez plus présent dans vos activités quotidiennes. Exemple : Suivez un nouveau cours de fitness ou inscrivez-vous à un club pour essayer quelque chose de nouveau. Mettez-vous au défi de vous engager pleinement et d'être présent dans chaque activité, en remarquant les détails et les sensations.

(4) Cultivez la gratitude : Prenez chaque jour le temps de réfléchir aux aspects positifs de votre vie, tels que les relations, la santé et les opportunités de croissance. Exemple : avant de vous coucher, écrivez trois choses dont vous êtes reconnaissant pour la journée écoulée : Avant de vous coucher, notez trois choses dont vous êtes reconnaissant pour la journée écoulée. Il peut s'agir de quelque chose d'aussi simple qu'un magnifique coucher de soleil ou une conversation avec un être cher.

(5) Consacrez-vous à cette pratique : Vivre pleinement le moment présent est un processus continu qui demande de l'engagement et de l'intentionnalité. Exemple : Créez un rappel quotidien ou prévoyez

un temps dédié chaque jour pour pratiquer la pleine conscience et vous engager pleinement dans la vie. Considérez cette pratique comme un élément non négociable de votre routine, au même titre que le brossage des dents.

7.3. LÂCHER PRISE SUR LES INQUIÉTUDES DU PASSÉ ET DE L'AVENIR

> *"La plus grande arme contre le stress est notre capacité à choisir une pensée plutôt qu'une autre." -*
> *William James*

L'abandon des soucis passés et futurs est un aspect crucial de la vie dans le moment présent. Cette libération peut conduire à une réduction du stress, à une meilleure connaissance de soi et à une plus grande appréciation de la beauté de la vie. Pour parvenir à cet état d'esprit, il faut d'abord reconnaître l'emprise que les regrets du passé et les angoisses de l'avenir peuvent avoir sur les pensées et les émotions.

La pratique de la méditation de pleine conscience constitue l'une des principales stratégies pour dissiper ces inquiétudes. En se concentrant sur la respiration et en observant les pensées sans les juger, les individus peuvent apprendre à se détacher du bavardage mental qui domine souvent leur conscience. Avec une pratique régulière, cette compétence peut être transposée dans la vie quotidienne, ce qui permet d'avoir une perspective plus objective et plus équilibrée sur les événements passés et les incertitudes futures.

Un autre outil précieux est la restructuration cognitive, qui consiste à remettre en question et à recadrer les schémas de pensée négatifs. Ce processus permet d'atténuer l'impact émotionnel des souvenirs troublants et des projections anxieuses. En remettant en question la validité et l'utilité de ces pensées, les individus peuvent développer une vision plus réaliste et plus

compatissante de leurs expériences, ce qui réduit en fin de compte le pouvoir que ces inquiétudes exercent sur eux.

En outre, la pratique d'activités qui favorisent l'autocompassion et la prise en charge de soi peut contribuer à l'évacuation des inquiétudes passées et futures. Il peut s'agir de pratiques telles que la tenue d'un journal, le yoga ou le fait de passer du temps dans la nature. En prenant soin de leur corps et de leur esprit, les individus peuvent développer un sentiment de résilience et de bien-être qui leur permet d'affronter les défis de la vie avec plus d'aisance et de grâce.

Enfin, la recherche de soutien auprès d'amis, de membres de la famille ou de professionnels de la santé mentale en qui l'on a confiance peut apporter une aide inestimable dans le processus de lâcher-prise. Le fait de partager ses difficultés avec d'autres et de recevoir des conseils empathiques peut aider à normaliser et à valider ces expériences, ce qui permet d'aller plus facilement de l'avant et de trouver la paix dans le moment présent.

En conclusion, l'abandon des inquiétudes passées et futures est une composante essentielle de l'acceptation du moment présent et d'une vie épanouie. Grâce à la pratique de la pleine conscience, à la restructuration cognitive, aux soins personnels et à la recherche de soutien, les individus peuvent faire face à leurs préoccupations avec courage et compassion, et finalement se libérer des contraintes de leurs propres pensées et émotions.

MISE EN PRATIQUE

(1) Pratiquez la méditation de pleine conscience : Réservez quelques minutes par jour pour vous asseoir dans un espace calme, vous concentrer sur votre respiration et observer vos pensées sans les juger. Cela peut vous aider à vous détacher des regrets du passé et des angoisses de l'avenir. Par exemple, lorsque des pensées négatives concernant une erreur passée surgissent, vous pouvez les reconnaître sans vous y attarder et ramener votre attention sur votre respiration.

(2) Procéder à une restructuration cognitive : Chaque fois que des pensées négatives ou des inquiétudes surgissent, remettez-les en question en vous demandant si elles sont valables et utiles. Recadrez ces pensées dans une perspective plus réaliste et plus compatissante.

Par exemple, si vous vous inquiétez excessivement de l'avenir, rappelez-vous que l'inquiétude ne changera rien au résultat et concentrez-vous sur ce que vous pouvez contrôler dans le moment présent.

(3) Pratiquer l'autocompassion et l'autothérapie : Participez à des activités qui favorisent l'autocompassion et le soin de soi, comme la tenue d'un journal, le yoga ou le temps passé dans la nature. Tenir un journal sur vos soucis peut vous aider à les évacuer de votre esprit, tandis que le yoga ou le fait de passer du temps dans la nature peut vous aider à vous reconnecter à votre corps et à trouver la paix dans le moment présent. Par exemple, si vous vous sentez accablé par des regrets passés, vous pouvez écrire vos pensées et vos sentiments dans un journal, puis faire une séance de yoga pour vous détendre.

(4) Recherchez le soutien de personnes de confiance : Partagez vos inquiétudes et vos difficultés avec des amis, des membres de votre famille ou des professionnels de la santé mentale en qui vous avez confiance. Cela peut vous donner un sentiment de validation et normaliser vos expériences. Des conseils empathiques peuvent vous aider à gérer vos émotions et à trouver la paix dans le moment présent. Par exemple, si vous avez du mal à vous débarrasser de vos regrets passés, vous pouvez vous confier à un ami proche qui vous écoutera sans vous juger et vous apportera son soutien et sa perspective.

7.4. TROUVER LA JOIE ET L'ÉPANOUISSEMENT DANS L'INSTANT PRÉSENT

"Notre vie est gâchée par les détails. Simplifiez, simplifiez." - Henry David Thoreau

Découvrir la source de la vraie joie et de l'épanouissement dans le moment présent est une expérience transformatrice. En abandonnant les regrets du passé et les angoisses de l'avenir, on peut s'immerger pleinement dans la richesse de la vie qui existe à l'instant présent. Cet état d'esprit permet non seulement d'accéder à des émotions positives, mais aussi de faire preuve de clarté et de créativité.

Le premier pas vers la découverte de la joie et de l'épanouissement dans le moment présent consiste à apprendre à apprécier les petits moments qui passent souvent inaperçus. Ces instants fugaces de bonheur peuvent se trouver dans divers aspects de la vie quotidienne, comme savourer une tasse de thé chaude, apprécier le parfum de fleurs fraîches ou apprécier une conversation sincère avec un être cher. En reconnaissant ces moments de joie, nous cultivons la gratitude et la positivité, ce qui nous aide à rester ancrés dans le présent.

La méditation de pleine conscience est une autre pratique essentielle pour trouver la joie et l'épanouissement dans le moment présent. En concentrant notre attention sur la respiration, les sensations corporelles ou un stimulus extérieur, nous entraînons notre esprit à rester dans le moment présent au lieu de se perdre dans la rumination ou l'inquiétude. La pleine conscience favorise également la connaissance de soi, nous permettant d'observer nos pensées et nos émotions sans jugement, ce qui favorise un sentiment de paix intérieure et de satisfaction.

En outre, l'intégration d'activités qui favorisent un état de fluidité peut nous aider à approfondir notre lien avec le moment présent. La fluidité fait référence à un état d'absorption et d'engagement total dans une activité, où l'on perd la notion du temps et où l'on fait l'expérience d'une attention sans effort. S'engager dans des activités qui éveillent notre curiosité et nous mettent au défi intellectuellement, émotionnellement ou physiquement peut générer des sentiments d'accomplissement et d'intérêt, nous ancrant davantage dans le présent.

En outre, le fait de cultiver des relations significatives et de s'engager dans des actes de gentillesse contribue de manière significative aux sentiments de joie et d'épanouissement. Le fait d'être en contact avec d'autres personnes à un niveau profond apporte non seulement un soutien émotionnel, mais aussi des opportunités de développement personnel et de découverte de soi. C'est grâce à des relations authentiques que nous parvenons à reconnaître notre humanité commune et à puiser dans la bonté inhérente à chacun d'entre nous.

Enfin, il est essentiel d'adopter un mode de vie sain pour favoriser les sentiments de joie et d'épanouissement. L'exercice physique régulier, un sommeil suffisant, une alimentation équilibrée et le temps passé dans la nature contribuent tous à améliorer le bien-être physique et mental. En donnant la priorité à notre bien-être général, nous créons les bases nécessaires pour éprouver de la joie et vivre pleinement notre vie.

En conclusion, trouver la joie et l'épanouissement dans le moment présent est un voyage aux multiples facettes qui implique de cultiver la gratitude, de pratiquer la pleine conscience, de s'engager dans des activités de flux, d'entretenir des relations significatives et de prendre soin de soi. En s'engageant dans cette voie, on devient mieux équipé pour relever les défis de la vie avec grâce et résilience, ce qui conduit finalement à une existence plus harmonieuse caractérisée par le contentement, la joie et la paix intérieure.

MISE EN PRATIQUE

(1) Cultivez la gratitude : Prenez quelques minutes chaque jour pour réfléchir et apprécier les petits moments de joie ou de bonheur dans votre vie, comme la dégustation d'une tasse de café ou un magnifique coucher de soleil. Notez-les dans un journal de gratitude afin d'approfondir votre sentiment d'appréciation. Par exemple, prenez le temps de savourer l'arôme et le goût de votre café matinal et exprimez votre gratitude pour la chaleur et le réconfort qu'il apporte à votre journée.

(2) Pratiquez la méditation de pleine conscience : Réservez quelques minutes par jour pour pratiquer la méditation de pleine conscience. Trouvez un espace calme et confortable, concentrez votre attention sur votre respiration ou vos sensations corporelles, et laissez vos pensées aller et venir sans les juger. Cette pratique permet d'entraîner

l'esprit à rester présent et de réduire le stress et l'anxiété. Par exemple, pendant votre séance de méditation, portez votre attention sur la sensation de votre respiration qui entre et sort de votre corps, en laissant tomber toute distraction ou inquiétude.

(3) S'engager dans des activités de flux : Identifiez les activités qui vous engagent et vous stimulent profondément, et consacrez-y du temps régulièrement. Il peut s'agir de jouer d'un instrument de musique, de peindre, d'écrire ou de pratiquer un sport. Lorsque vous êtes totalement absorbé par ces activités, vous perdez la notion du temps et éprouvez un sentiment de plénitude. Par exemple, si vous aimez peindre, réservez du temps chaque semaine pour vous plonger dans le processus créatif et vous permettre d'exprimer pleinement vos idées à travers l'art.

(4) Favorisez les relations fructueuses : Prenez des mesures intentionnelles pour approfondir vos relations avec les autres. Prenez le temps d'avoir des conversations de qualité et d'entretenir des relations qui vous apportent de la joie et soutiennent votre développement personnel. Participez à des actes de gentillesse, tels que le bénévolat ou l'aide aux personnes dans le besoin. Par exemple, faites l'effort d'organiser régulièrement des appels vidéo avec un ami proche ou un membre de votre famille, en écoutant activement et en partageant des expériences personnelles afin de favoriser une connexion plus profonde.

(5) Donnez la priorité aux soins personnels : Faites de vos soins personnels un élément non négociable de votre routine. Pratiquez régulièrement un exercice physique qui vous plaît, veillez à dormir suffisamment, ayez une alimentation équilibrée et passez du temps dans la nature. Ces pratiques sont essentielles pour votre bien-être physique et mental. Par exemple, prévoyez chaque semaine une séance d'entraînement ou une promenade dans la nature, et veillez à donner la priorité à un sommeil réparateur pour vous ressourcer et préserver votre bien-être général.

7.5. CULTIVER L'ÉTAT D'ESPRIT DU MOMENT PRÉSENT

> *"Le moment présent est rempli de joie et de bonheur. Si vous êtes attentif, vous le verrez." - Thich Nhat Hanh*

Pour créer un lien durable avec l'ici et le maintenant, il faut développer un état d'esprit axé sur le moment présent. Cette approche met l'accent sur la prise de conscience, l'acceptation et l'engagement, ce qui permet aux individus de vivre pleinement et authentiquement. Dans cette section, nous aborderons les éléments et les pratiques permettant de cultiver l'état d'esprit du moment présent, ce qui vous permettra de faire l'expérience de la richesse et de la beauté de la vie.

Commencez par adopter une attitude sans jugement à l'égard de vos pensées, de vos émotions et de vos expériences. Cette attitude vous permet de reconnaître et d'accepter le moment tel qu'il est, plutôt que de chercher à le changer ou à le contrôler. Reconnaissez que les pensées et les sentiments sont transitoires et ne vous définissent pas ; ils ne font que passer par votre conscience. En renonçant aux jugements et aux attentes, vous créez un espace de présence et de paix intérieure.

La respiration consciente est un outil puissant pour s'ancrer dans le moment présent. Entraînez-vous à vous concentrer sur votre respiration, à observer son rythme et ses sensations sans essayer de la modifier. Lorsque votre esprit s'égare inévitablement, ramenez doucement votre attention sur votre respiration. Cette pratique renforce non seulement votre capacité à rester présent, mais réduit également le stress et calme le système nerveux.

Participez pleinement aux activités quotidiennes en portant toute votre attention sur la tâche à accomplir. Plutôt que de laisser votre esprit dériver vers le passé ou l'avenir, plongez-vous dans les expériences sensorielles de l'activité. Appréciez les couleurs, les textures, les sons et les odeurs qui vous entourent, et laissez-vous pleinement impliquer dans le processus. En vous engageant de la sorte, vous ne vous contenterez pas d'apprécier la tâche, mais vous éprouverez un sentiment plus profond d'accomplissement et de satisfaction.

Créez des routines et des rituels quotidiens qui favorisent la conscience du moment présent. Il peut s'agir de pratiquer la gratitude, de passer du temps dans la nature ou de pratiquer des mouvements de pleine conscience comme le yoga ou le tai-chi. En intégrant ces pratiques dans votre vie quotidienne, vous cultivez l'état d'esprit du moment présent et renforcez votre engagement à vivre pleinement dans l'instant présent.

Enfin, développez l'autocompassion en vous efforçant de cultiver un état d'esprit axé sur le moment présent. Reconnaissez qu'il faut du temps et de la patience pour développer cette compétence, et pratiquez l'auto-compassion lorsque vous vous retrouvez à dériver vers le passé ou l'avenir. Faites preuve de gentillesse et de compréhension et rappelez-vous que chaque instant est l'occasion de revenir au présent et de repartir à zéro. Avec de l'entraînement et de la persévérance, cultiver l'état d'esprit du moment présent devient un élément naturel et précieux de votre vie quotidienne.

MISE EN PRATIQUE

(1) Adoptez une attitude sans jugement à l'égard de vos pensées, de vos émotions et de vos expériences. Lorsque vous êtes confronté à une situation difficile, au lieu de vous juger ou de juger les autres, pratiquez l'acceptation et reconnaissez le moment tel qu'il est. Par exemple, si vous faites une erreur au travail, au lieu de vous en vouloir, reconnaissez que les erreurs se produisent et concentrez-vous sur la recherche d'une solution ou sur l'apprentissage.

(2) Pratiquez la respiration attentive pour vous ancrer dans le moment présent. Réservez quelques minutes par jour à la pratique de la respiration attentive. Asseyez-vous confortablement, fermez les

yeux et concentrez-vous sur votre respiration. Lorsque votre esprit commence à vagabonder, ramenez doucement votre attention sur votre respiration. Par exemple, lors d'une situation stressante, prenez un moment pour vous concentrer sur votre respiration afin de réduire le stress et de retrouver la clarté.

(3) Participez pleinement aux activités quotidiennes en étant pleinement présent. Lorsque vous avez une conversation avec quelqu'un, accordez-lui toute votre attention. Éloignez les distractions telles que votre téléphone et écoutez activement ce que dit la personne. Montrez de l'intérêt et participez à la conversation. Par exemple, lorsque vous dînez en famille, mettez votre téléphone de côté et profitez du repas ensemble, en étant pleinement présent et engagé dans le moment.

(4) Créez des routines et des rituels quotidiens qui favorisent la conscience du moment présent. Commencez votre journée par un exercice de gratitude. Prenez quelques minutes chaque matin pour noter trois choses dont vous êtes reconnaissant. Cette pratique vous aide à cultiver un état d'esprit positif et à vous concentrer sur le moment présent. Par exemple, avant de commencer à travailler, prenez le temps d'écrire trois choses dont vous êtes reconnaissant, comme une équipe qui vous soutient, un espace de travail confortable ou un projet stimulant.

(5) Développez l'autocompassion et pratiquez le pardon. Lorsque vous vous surprenez à ressasser vos erreurs passées ou à vous inquiéter de l'avenir, pratiquez l'autocompassion. Rappelez-vous qu'il est normal d'avoir ces pensées, mais ramenez doucement votre attention sur le moment présent. Par exemple, si vous vous surprenez à ruminer un échec passé, rappelez-vous que tout le monde commet des erreurs et concentrez-vous sur les leçons tirées de cette expérience.

8. Le voyage continue...

> *"Nous n'apprenons pas de l'expérience... nous apprenons en réfléchissant sur l'expérience. - John Dewey*

S'engager dans un parcours de croissance personnelle est un accomplissement important, et prendre le temps de réfléchir à sa transformation est une partie essentielle du processus. Au fur et à mesure que vous progressez dans votre développement, il est essentiel de faire une pause, d'évaluer vos progrès et de reconnaître les changements que vous avez opérés. Réfléchir à votre transformation vous permet d'apprécier le chemin parcouru, d'identifier les points à améliorer et de renforcer les nouvelles habitudes et mentalités que vous avez cultivées.

Pour réfléchir efficacement à votre transformation, envisagez les stratégies suivantes :

1. Consignez votre parcours : La tenue d'un journal ou l'enregistrement de vos expériences, de vos idées et des étapes franchies peut constituer une ressource précieuse pour votre réflexion. L'examen de vos entrées peut vous aider à suivre vos

progrès et à reconnaître les tendances de votre croissance. Lorsque vous évaluez votre transformation, recherchez des preuves de votre développement personnel, comme des cas où vous avez surmonté des défis, changé votre point de vue ou démontré de nouvelles compétences.

2. Identifiez les étapes clés : Identifiez les moments ou les événements spécifiques qui ont marqué des changements significatifs dans vos pensées, vos sentiments ou vos comportements. Ces tournants peuvent impliquer des percées dans votre compréhension, l'abandon de croyances limitantes ou l'adoption de nouvelles habitudes. En reconnaissant ces étapes, vous pouvez mieux apprécier votre transformation et identifier les facteurs qui ont contribué à votre croissance.

3. Demandez l'avis d'autres personnes : Recueillir le point de vue de vos amis, de votre famille ou de vos mentors peut vous apporter des informations précieuses sur votre transformation. Ces personnes peuvent avoir observé chez vous des changements dont vous n'êtes pas conscient ou vous donner un avis constructif sur les

domaines dans lesquels vous pouvez continuer à progresser. Soyez ouvert à l'idée de recevoir des commentaires et utilisez-les comme une occasion d'apprendre et d'affiner votre approche du développement personnel.

4. Pratiquez la gratitude : Réfléchir à votre transformation est une excellente occasion de pratiquer la gratitude pour les expériences, les personnes et les circonstances qui ont contribué à votre croissance. Exprimer de la gratitude peut vous aider à cultiver un état d'esprit positif et à développer un sentiment plus profond d'accomplissement et de satisfaction. Reconnaissez les défis auxquels vous avez été

confronté comme des opportunités d'apprentissage et de croissance, et appréciez les leçons qu'ils vous ont apprises.

5. Réévaluez vos objectifs : En réfléchissant à votre transformation, demandez-vous si vos objectifs et vos priorités ont changé. Vous constaterez peut-être que vos valeurs, vos aspirations ou vos centres d'intérêt ont changé à la suite de votre développement personnel. Utilisez ces informations pour réévaluer vos objectifs et en fixer de nouveaux, plus significatifs, qui correspondent à l'évolution de votre perception de vous-même.

6. Célébrez vos réussites : La reconnaissance de vos réussites est un aspect essentiel de la réflexion sur votre transformation. Célébrez vos succès, qu'ils soient grands ou petits, et utilisez-les comme une motivation pour continuer sur la voie de la croissance et de l'apprentissage. Le fait de partager vos réussites avec vos proches peut également favoriser un sentiment de connexion et de soutien.

7. Élaborez un plan de développement continu : En réfléchissant à votre transformation, identifiez les domaines dans lesquels vous aimeriez continuer à progresser et à vous développer. Fixez-vous de nouveaux objectifs et élaborez un plan pour les atteindre. En travaillant continuellement à votre développement personnel, vous pouvez maintenir l'élan de votre transformation et vous assurer que votre voyage vers l'amélioration de soi reste un processus continu.

En résumé, la réflexion sur votre transformation est une partie essentielle du processus de croissance personnelle. En documentant votre parcours, en identifiant les étapes importantes, en demandant un retour d'information, en pratiquant la gratitude, en réévaluant les objectifs, en célébrant les réalisations et en créant un plan de croissance continue, vous pouvez optimiser votre transformation et continuer à évoluer en tant que personne.

MISE EN PRATIQUE

(1) Consignez votre parcours : Tenez un journal ou enregistrez votre parcours de croissance personnelle, y compris vos expériences, vos idées et les étapes importantes. Il s'agit d'une ressource précieuse pour la réflexion et le suivi des progrès. Par exemple, décrivez les cas où vous avez surmonté des difficultés, changé votre point de vue ou démontré de nouvelles compétences.

(2) Identifiez les étapes clés : Identifiez les moments ou les événements spécifiques qui ont marqué des changements significatifs dans vos pensées, vos sentiments ou vos comportements. Il peut s'agir de percées dans la compréhension, de l'abandon de croyances limitatives ou de l'adoption de nouvelles habitudes. En réfléchissant à ces étapes, vous pourrez mieux apprécier votre transformation et identifier les facteurs qui y ont contribué. Par exemple, reconnaissez le moment où vous avez changé votre état d'esprit, passant d'un état d'esprit fixe à un état d'esprit de croissance.

(3) Demandez l'avis des autres : Recueillez le point de vue de vos amis, de votre famille ou de vos mentors afin d'obtenir des informations précieuses sur votre transformation. Ils peuvent avoir observé des changements dont vous n'êtes pas conscient ou fournir un retour d'information constructif sur les domaines à développer. Soyez ouvert à l'idée de recevoir un retour d'information et utilisez-le comme une occasion d'affiner votre approche du développement personnel. Par exemple, demandez à votre mentor s'il a remarqué des changements dans vos compétences en communication.

(4) Pratiquez la gratitude : Profitez de la réflexion pour exprimer votre gratitude pour les expériences, les personnes et les circonstances qui ont contribué à votre croissance. Cela peut aider à cultiver un état d'esprit positif et favoriser un sentiment d'accomplissement plus profond. Reconnaissez les défis comme des opportunités d'apprentissage et de croissance et appréciez les leçons qu'ils vous ont apprises. Par exemple, exprimez votre gratitude pour le soutien de vos amis dans les moments difficiles.

(5) Réévaluez vos objectifs : Réfléchissez à la question de savoir si vos objectifs et vos priorités ont changé à la suite de votre transformation. Examinez si vos valeurs, vos aspirations ou vos intérêts ont changé. Utilisez ces informations pour réévaluer vos objectifs et en fixer de nouveaux, plus significatifs, qui correspondent à l'évolution de votre perception de vous-même. Par exemple, si vous avez développé une passion pour la durabilité environnementale, fixez des objectifs liés à la réduction de votre empreinte carbone.

(6) Célébrez vos réussites : Reconnaissez et célébrez vos réussites, qu'elles soient grandes ou petites. Utilisez-les comme une motivation pour continuer sur la voie de la croissance et de l'apprentissage. Le fait de partager vos réalisations avec vos proches peut également favoriser un sentiment de connexion et de soutien. Par exemple, célébrez l'achèvement d'un projet important en organisant une petite réunion avec des amis.

(7) Créez un plan de croissance continue : Identifiez les domaines dans lesquels vous souhaitez continuer à progresser et à vous développer. Fixez de nouveaux objectifs et créez un plan pour les atteindre. En travaillant continuellement sur votre développement personnel, vous pouvez maintenir l'élan de votre transformation et vous assurer que votre voyage vers l'amélioration de soi est continu. Par exemple, si vous souhaitez améliorer vos compétences en matière d'art oratoire, fixez-vous comme objectif de vous inscrire à un cours d'art oratoire et établissez un calendrier pour vous entraîner régulièrement.

(8) En résumé, réfléchissez à votre parcours de croissance personnelle en le documentant, en identifiant les étapes clés, en demandant un retour d'information, en pratiquant la gratitude, en réévaluant les objectifs, en célébrant les réalisations et en créant un plan de croissance continue. Ces actions optimiseront votre transformation et vous permettront de vous améliorer en permanence.

8.2. ACCEPTER LA CROISSANCE ET L'APPRENTISSAGE CONSTANTS

"La seule personne éduquée est celle qui a appris à apprendre et à changer." - Carl Rogers

Un aspect essentiel du développement personnel continu réside dans notre engagement à nous développer et à apprendre en permanence. Cette quête incessante de connaissances et d'amélioration de soi renforce notre capacité à relever les défis de la vie, à nouer des liens avec les autres et, en fin de compte, à trouver la paix intérieure. En adoptant un état d'esprit de croissance et en cultivant une soif d'apprendre, nous devenons les acteurs de notre propre évolution.

La connaissance de soi est une étape cruciale vers la croissance et l'apprentissage constants. En comprenant nos forces, nos faiblesses et nos inclinations, nous pouvons identifier les domaines à améliorer et fixer des objectifs réalistes pour notre développement personnel. Il est essentiel d'aborder ce processus avec acceptation et compassion, en considérant nos défauts comme des opportunités de croissance plutôt que comme des obstacles insurmontables.

Un autre élément clé pour perpétuer la croissance et l'apprentissage est la curiosité. En encourageant une nature curieuse, nous restons ouverts à de nouvelles expériences et perspectives, ce qui nous permet d'acquérir de nouvelles idées et connaissances. S'engager dans un large éventail d'activités, s'adonner à des passe-temps et rechercher des situations inédites stimule notre esprit et élargit notre compréhension du monde qui nous entoure. La sagesse que nous tirons de ces expériences renforce notre capacité à faire des choix éclairés, à nous adapter efficacement et à nous développer de manière à atteindre notre potentiel le plus élevé.

L'élargissement de nos connaissances par le biais de l'éducation formelle et informelle fait également partie intégrante de la croissance et de l'apprentissage constants. S'inscrire à un cours, participer à des ateliers ou lire des ouvrages sur le développement personnel nous permet d'acquérir des informations et des compétences précieuses. En outre, le fait d'entrer en contact avec des personnes partageant les mêmes idées offre des possibilités de mentorat, de collaboration et d'inspiration, ce qui nous pousse à aller de l'avant. Il est tout aussi important d'intégrer les connaissances acquises grâce aux expériences vécues, car ce sont souvent ces dernières qui permettent d'atteindre le niveau le plus profond d'apprentissage et de compréhension.

En outre, il est essentiel de prendre le temps de réfléchir pour reconnaître les schémas, tirer les leçons des expériences passées et prendre des décisions éclairées sur les actions futures. L'introspection et l'auto-évaluation régulières nous aident à cultiver la conscience de soi et à aiguiser notre capacité à identifier ce qui sert ou ne sert pas notre développement. Ce processus de contemplation nous permet d'apporter les ajustements nécessaires à notre parcours, en veillant à ce que nous restions en phase avec nos valeurs, nos objectifs et notre vision globale de la vie.

Enfin, pour vraiment profiter de la croissance et de l'apprentissage constants, nous devons également faire preuve de patience et de résilience. Le changement et l'amélioration de soi sont des processus graduels qui requièrent persévérance et dévouement. En reconnaissant que des revers peuvent survenir et en les considérant comme des opportunités d'apprentissage, nous renforçons notre détermination et restons tenaces dans notre quête de développement personnel.

En conclusion, l'adoption d'un état d'esprit de croissance et la recherche active d'opportunités d'amélioration personnelle sont des aspects clés de la croissance et de l'apprentissage constants. Grâce à la conscience de soi, à la curiosité, à l'éducation, à la réflexion et à la résilience, nous pouvons cultiver une transformation durable et élargir notre conscience, ce qui, en fin de compte, renforce notre capacité à être heureux, à nous épanouir et à établir des liens avec les autres. En embrassant ce voyage qui dure toute une vie, non seulement nous améliorons notre vie, mais nous contribuons aussi à l'amélioration du monde qui nous entoure.

MISE EN PRATIQUE

(1) Développer la conscience de soi : Prenez le temps de réfléchir à vos forces, à vos faiblesses et à vos penchants. Identifiez les domaines à améliorer et fixez des objectifs réalistes de développement personnel. Exemple : Passez 10 minutes à la fin de chaque journée à réfléchir à vos actions et à vos réactions. Identifiez les schémas et les comportements que vous aimeriez changer ou améliorer. Fixez-vous comme objectif d'être plus patient et plus compréhensif dans vos interactions avec les autres.

(2) Favoriser la curiosité : Rechercher de nouvelles expériences, s'adonner à des passe-temps et s'engager dans diverses activités afin d'acquérir de nouvelles perspectives et connaissances. Exemple : Inscrivez-vous à un cours de cuisine pour acquérir de nouvelles compétences et explorer différentes cuisines. Saisissez l'occasion d'expérimenter de nouveaux ingrédients et de nouvelles techniques, ce qui vous permettra d'élargir votre compréhension du monde culinaire.

(3) Élargissez vos connaissances grâce à l'éducation formelle et informelle : Inscrivez-vous à un cours, participez à des ateliers ou lisez des livres sur le développement personnel afin d'acquérir des informations et des compétences précieuses. Exemple : Inscrivez-vous à un atelier d'art oratoire pour améliorer vos compétences en communication. Entraînez-vous à faire des présentations et recevez les commentaires des instructeurs et des autres participants, ce qui vous permettra d'affiner vos compétences en matière d'art oratoire.

(4) Prenez le temps de la réflexion : Faites régulièrement une introspection et une évaluation de vous-même afin de reconnaître les modèles, de tirer des leçons des expériences passées et de prendre des décisions éclairées sur les actions futures. Exemple : Réservez 15 minutes chaque matin pour tenir un journal et réfléchir à vos pensées et à vos sentiments. Analysez vos actions de la veille, identifiez ce qui a bien fonctionné et ce qui pourrait être amélioré, et élaborez un plan sur la façon dont vous aborderez des situations similaires à l'avenir.

(5) Pratiquez la patience et la résilience : Reconnaissez que des revers peuvent survenir et considérez-les comme des opportunités d'apprentissage. Restez tenace dans votre quête de développement personnel. Exemple : Si vous rencontrez un revers dans votre parcours de perte de poids, au lieu d'abandonner, considérez-le comme une occasion de réévaluer votre approche et de faire les ajustements nécessaires. Restez déterminé à atteindre vos objectifs en matière de santé et de forme physique et utilisez le revers comme une motivation pour continuer à aller de l'avant.

8.3. Nourrir votre conscience élargie

> *"L'esprit est tout ; ce que vous pensez, vous le devenez. - Bouddha (vers 500 avant notre ère)*

La conscience élargie est un état de connexion profonde avec soi-même et avec le monde, qui transcende les limites de l'ego et permet d'accéder à un plus grand sens de la sagesse et de la compréhension. Pour cultiver cet état, il faut s'engager dans des pratiques qui nourrissent l'esprit, le corps et l'âme.

La méditation est l'un des moyens les plus puissants de favoriser l'expansion de la conscience. Une pratique régulière de la méditation aide à calmer l'esprit et à ouvrir l'espace à une conscience plus profonde. Elle vous permet de vous connecter à votre moi intérieur et d'accéder à une richesse de sagesse intérieure et de perspicacité. En continuant à méditer, vous constaterez que votre conscience s'élargit et que votre capacité à percevoir le monde qui vous entoure devient plus nuancée et plus profonde.

Outre la méditation, la pratique de la pleine conscience peut également s'avérer très bénéfique. La pleine conscience consiste à être pleinement présent dans l'instant, sans jugement ni distraction. On peut y parvenir par des pratiques telles que le yoga, le tai-chi ou simplement en faisant une promenade attentive dans la nature. Lorsque vous pratiquez la pleine conscience, vous cultivez un plus grand sens de la conscience et de la connexion avec le monde qui vous entoure, ce qui peut vous aider à élargir votre conscience.

L'expression créative est un autre moyen de nourrir votre conscience élargie. L'art, la musique, l'écriture et d'autres formes de créativité peuvent aider à accéder à des aspects plus profonds de soi et à puiser dans un plus grand sens de l'intuition et de la sagesse. Lorsque vous vous engagez dans l'expression créative, vous vous autorisez à lâcher l'ego et à puiser dans un état d'être plus expansif et connecté.

Enfin, le fait d'entrer en contact avec les autres et de s'engager dans des actes de service peut également être très bénéfique pour votre conscience élargie. Lorsque vous aidez les autres, vous cultivez un plus grand sens de la compassion et de l'empathie, ce qui peut vous aider à élargir votre conscience et à approfondir votre lien avec le monde. En outre, lorsque vous entrez en contact avec d'autres personnes qui sont également sur la voie de la croissance et de la transformation, vous créez une communauté de soutien qui peut contribuer à nourrir votre conscience élargie et à vous inspirer tout au long de votre voyage.

En nourrissant votre conscience élargie, il est important de se rappeler qu'il s'agit d'un processus qui dure toute la vie. En continuant à vous engager dans des pratiques qui soutiennent votre croissance et votre développement, vous constaterez que votre conscience continue à s'étendre et à évoluer. En cultivant un sens profond de la conscience et de la connexion avec vous-même et avec le monde, vous pouvez vivre une vie plus épanouissante et plus significative et avoir un impact positif sur ceux qui vous entourent.

MISE EN PRATIQUE

(1) Pratiquer régulièrement la méditation pour calmer l'esprit et accéder à la sagesse intérieure et à la perspicacité. Exemple : Réservez 10 minutes chaque matin pour vous asseoir dans un espace calme et méditer. Fermez les yeux, concentrez-vous sur votre respiration et laissez les pensées ou les distractions aller et venir sans porter de jugement. En pratiquant régulièrement la méditation, vous cultiverez un sens plus profond de la conscience et vous élargirez votre champ de vision.

(2) Pratiquer des actes de pleine conscience pour cultiver une plus grande conscience et une meilleure connexion avec le moment présent. Exemple : Intégrez la pleine conscience à votre routine quotidienne en mangeant en pleine conscience. Avant chaque repas, prenez le temps d'apprécier la nourriture qui se trouve devant vous. Remarquez les couleurs, les textures et les odeurs. Prenez des bouchées lentes et délibérées et savourez chaque saveur. En étant

pleinement présent et engagé dans l'acte de manger, vous cultiverez un plus grand sens de la conscience et élargirez votre conscience.

(3) Explorez l'expression créative à travers l'art, la musique, l'écriture ou d'autres formes de créativité pour puiser dans des aspects plus profonds de vous-même et développer votre intuition et votre sagesse. Exemple : Consacrez 30 minutes par jour à une activité créative de votre choix, comme peindre, jouer d'un instrument de musique ou écrire dans un journal. Laissez-vous aller à l'auto-jugement et immergez-vous totalement dans le processus créatif. En vous exprimant de manière créative, vous accéderez à un état d'être plus expansif et plus connecté, et vous élargirez votre conscience.

(4) Connectez-vous avec les autres et engagez-vous dans des actes de service pour cultiver la compassion, l'empathie et approfondir votre lien avec le monde. Exemple : Faites du bénévolat auprès d'une association caritative ou d'une organisation communautaire locale. Passez quelques heures par semaine à aider les personnes dans le besoin, qu'il s'agisse de servir des repas dans un refuge pour sans-abri ou de donner des cours particuliers à des enfants. En vous rapprochant des autres et en les soutenant, vous cultiverez un plus grand sens de la compassion et de l'empathie, ce qui élargira votre conscience et approfondira votre lien avec le monde.

(5) Adoptez continuellement des pratiques qui soutiennent votre croissance et votre développement afin d'élargir et de faire évoluer votre conscience. Exemple : Réservez du temps chaque semaine pour lire des livres ou assister à des ateliers et des séminaires sur le développement personnel et spirituel. Mettez en pratique les idées et les leçons tirées de ces ressources dans votre vie quotidienne. En recherchant activement des opportunités de croissance et de développement, vous élargirez et ferez évoluer votre conscience en permanence, menant ainsi une vie plus épanouissante et pleine de sens.

8.4. Incarner les principes de la non-pensée

"Nous ne pourrons jamais obtenir la paix dans le monde extérieur tant que nous n'aurons pas fait la paix avec nous-mêmes. - Dalaï Lama XIV

Après avoir exploré le concept de non-pensée et ses nombreux avantages plus tôt dans le livre, cette section approfondira l'application pratique de ses principes dans la vie de tous les jours. Ce processus implique d'aller au-delà de la simple compréhension ou de l'intellectualisation du concept, en se concentrant plutôt sur l'intégration de la non-pensée dans l'existence quotidienne afin de récolter véritablement les fruits de sa transformation.

La première étape pour incarner les principes de la non-pensée consiste à cultiver une conscience attentive des moments où l'esprit est engagé dans des pensées inutiles ou des ruminations. Cette prise de conscience est essentielle pour choisir consciemment de faire une pause, de respirer et de laisser émerger un état naturel de calme mental. Ce faisant, on entraîne efficacement l'esprit à se diriger par défaut vers un état de calme et de clarté, plutôt que de se perdre dans la mer turbulente de la pensée.

La méditation est une pratique efficace pour soutenir cette conscience attentive, car elle constitue une base idéale pour cultiver un état d'esprit de non-pensée. Grâce à une pratique régulière, on peut renforcer le muscle de la non-pensée, ce qui permet de se glisser plus facilement dans cet état de présence sans effort, à volonté.

Il est également essentiel de reconnaître que le fait d'incarner les principes de la non-pensée ne nécessite pas d'abandonner la pensée rationnelle ou le discernement. Il s'agit plutôt de choisir consciemment quand s'engager dans une réflexion active et ciblée et quand laisser l'esprit se reposer dans un état de non-pensée. En fait, en cultivant cette capacité à se désengager du bavardage mental, on constate souvent que la pensée devient plus claire, plus perspicace et plus efficace lorsqu'elle est sollicitée.

L'intégration de la non-pensée dans la vie quotidienne peut également impliquer de modifier son mode de vie et ses habitudes. Il peut s'agir de consacrer du temps à la réflexion et à la pratique, ainsi que d'établir des limites aux activités ou aux situations qui tendent à susciter des pensées anxieuses ou compulsives. En outre, la pratique d'activités qui favorisent un sentiment de fluidité ou d'absorption peut aider à cultiver un état de non-pensée, l'esprit s'engageant pleinement dans le moment présent.

En fin de compte, incarner les principes de la non-pensée est une pratique permanente qui exige de la patience, de la compassion et la volonté de s'engager dans le processus de découverte de soi. En cultivant cet état de clarté mentale et d'espace, on est mieux à même de se connecter à sa sagesse innée, de cultiver la paix intérieure et de vivre une vie riche de sens et d'objectifs.

Dans la section suivante, nous explorerons la dernière étape du voyage : créer un impact durable sur le monde grâce à ce processus de transformation qui consiste à adopter la non-pensée, l'amour inconditionnel, l'intuition, la pleine conscience et les autres principes abordés tout au long du livre. En intégrant ces principes dans sa vie et en les partageant avec les autres, on peut contribuer à la guérison et à l'élévation de l'humanité dans son ensemble.

MISE EN PRATIQUE

(1) Cultiver la conscience des pensées inutiles : Entraînez-vous à prendre conscience des moments où votre esprit se laisse aller à des pensées inutiles ou à la rumination. Faites une pause, respirez profondément et laissez émerger un état de calme mental. Par exemple, si vous vous surprenez à trop penser à une conversation que vous avez eue plus tôt dans la journée, faites une pause, respirez et laissez tomber le besoin de l'analyser ou de vous y attarder. Ce faisant, vous entraînez votre esprit au calme et à la clarté.

(2) Utilisez la méditation comme fondement d'un état d'esprit de non-pensée : Incorporez une pratique régulière de la méditation dans votre routine. Cela permet de renforcer la capacité à se glisser dans un état de présence sans effort chaque fois que cela est nécessaire. Par exemple, réservez 10 minutes chaque matin pour vous asseoir en méditation, en vous concentrant sur votre respiration et en laissant

les pensées aller et venir sans vous y attacher. Cette pratique renforce le muscle de la non-pensée.

(3) Savoir quand s'engager dans une réflexion active et quand se reposer dans la non-pensée : Reconnaître que l'incarnation de la non-pensée ne signifie pas l'abandon de la pensée rationnelle ou du discernement. Choisissez consciemment le moment où vous vous engagez dans une réflexion ciblée et le moment où vous laissez votre esprit se reposer dans la non-pensée. Par exemple, face à une décision complexe, prenez le temps d'analyser les options, mais accordez-vous aussi des moments de calme mental pour laisser votre intuition vous guider vers une décision claire.

(4) Ajustez votre mode de vie et vos habitudes pour favoriser la non-pensée : Consacrez du temps à la réflexion et à la pratique, et fixez des limites aux activités ou aux situations qui déclenchent des pensées anxieuses ou compulsives. Par exemple, réservez une heure chaque soir à la réflexion et à la tenue d'un journal, créant ainsi un espace de non-pensée. Limitez également le temps passé sur les médias sociaux pour éviter d'être accaparé par des pensées inutiles et des distractions.

(5) Participez à des activités qui favorisent un état de non-pensée : Recherchez des activités qui vous permettent d'expérimenter un état de fluidité ou d'absorption, où l'esprit s'engage pleinement dans le moment présent. Par exemple, pratiquer un instrument de musique, s'adonner à un passe-temps créatif comme la peinture ou la cuisine, ou participer à une activité physique qui exige une attention soutenue, comme le yoga ou l'escalade. Ces activités contribuent à cultiver un état d'esprit de non-pensée.

(6) Pratiquez la patience, l'autocompassion et la découverte de soi : Incarner la non-pensée est une pratique permanente qui exige patience et compassion. Soyez indulgent avec vous-même lorsque vous naviguez dans ce processus de découverte de soi. Par exemple, si vous avez du mal à calmer votre esprit pendant la méditation, rappelez-vous qu'il faut du temps et de l'entraînement, et que les progrès sont le fruit de la constance et de la persévérance.

(7) L'une des applications pratiques de la prise de conscience des pensées inutiles se situe lors d'une dispute animée. Imaginez que vous êtes en désaccord avec un ami et que la conversation commence à

dégénérer en conflit. À ce moment-là, faites une pause et remarquez les pensées ou les jugements inutiles qui surgissent. Respirez profondément et choisissez consciemment d'abandonner le besoin de poursuivre votre réflexion. Ce faisant, vous créez un espace pour une réponse plus calme, ce qui permet à la conversation de rester constructive plutôt que de dégénérer en un échange houleux.

8.5. Créer un impact durable sur le monde

"Nous ne sommes pas sur cette terre pour nous-mêmes, mais pour les autres. Si vous voulez être heureux, pratiquez la compassion." - Dalaï Lama XIV

Pour avoir un impact durable sur le monde, il faut incarner les principes de la non-pensée, de l'amour inconditionnel, de l'intuition et de la pleine conscience. Cette approche holistique permet aux individus de devenir des agents de changement dans leurs communautés et au-delà. En alignant leurs pensées, leurs émotions et leurs actions sur un objectif supérieur, les individus peuvent cultiver un effet d'entraînement positif qui transcende leur environnement immédiat.

Pour avoir un impact durable, il est essentiel de montrer l'exemple, en démontrant les avantages de la non-pensée et de la conscience du moment présent. En vivant de manière authentique et en embrassant la vulnérabilité, les individus peuvent inspirer les autres à remettre en question leurs propres croyances limitatives et à s'engager dans l'introspection. Ceci, à son tour, favorise un changement collectif vers une plus grande conscience et une plus grande empathie.

En outre, les individus doivent rechercher activement des occasions de partager leur sagesse et leurs ressources. Cela

peut prendre de nombreuses formes, telles que le mentorat, le bénévolat ou l'engagement dans des activités philanthropiques. En canalisant leurs compétences et leurs connaissances dans des initiatives qui soutiennent le bien-être des autres, les individus peuvent contribuer à la création d'un monde plus compatissant, plus équitable et plus durable.

Un autre aspect essentiel de la création d'un impact durable est la promotion d'un sentiment d'interconnexion mondiale. En reconnaissant l'unité inhérente à tous les êtres, les individus peuvent développer une compréhension plus profonde des conséquences de leurs actions et travailler à des solutions qui promeuvent le bien commun. Cette perspective encourage également la collaboration et la coopération, car les individus réalisent que leur croissance personnelle est liée à l'évolution de la collectivité.

Enfin, pour avoir un impact durable, les individus doivent cultiver un état d'esprit de croissance, en élargissant continuellement leurs connaissances et en affinant leurs compétences. Cet engagement en faveur de l'apprentissage tout au long de la vie garantit que les individus restent adaptables et ouverts d'esprit, ce qui leur permet de répondre efficacement aux défis complexes d'un monde en constante évolution. En adoptant un état d'esprit de croissance et d'évolution constantes, les individus peuvent conserver la vitalité et la passion nécessaires pour créer un changement significatif et durable.

En résumé, pour avoir un impact durable sur le monde, il faut incarner les principes de la non-pensée, de l'amour inconditionnel, de l'intuition et de la pleine conscience, montrer l'exemple, partager la sagesse et les ressources, encourager le sens de l'interconnexion mondiale et cultiver un état d'esprit de croissance. En intégrant ces éléments dans leur vie, les individus peuvent devenir des catalyseurs de transformation positive, laissant un héritage de compassion, de sagesse et de perspicacité qui inspirera les générations futures.

MISE EN PRATIQUE

(1) Pratiquez la non-pensée et la conscience du moment présent : Incorporez des techniques de pleine conscience dans votre vie quotidienne, telles que la méditation ou des exercices de respiration profonde. Par exemple, prenez 5 minutes chaque matin pour vous

asseoir en silence et vous concentrer sur le moment présent, en laissant tomber les pensées et les distractions.

(2) Acceptez la vulnérabilité et l'authenticité : Commencez par vous ouvrir à un ami de confiance pour lui faire part de vos difficultés ou de vos craintes personnelles. Cela peut inciter d'autres personnes à faire de même et créer un espace pour des conversations ouvertes et honnêtes. Par exemple, partagez une histoire personnelle sur la façon dont vous avez surmonté une difficulté à parler en public afin d'encourager les autres à affronter leurs propres peurs.

(3) Partagez votre sagesse et vos ressources : Cherchez des occasions d'encadrer une personne dans le besoin ou de faire du bénévolat pour une organisation caritative. Par exemple, proposez de donner des cours particuliers à un jeune étudiant qui a des difficultés dans une matière donnée ou faites du bénévolat dans une soupe populaire locale.

(4) Favoriser un sentiment d'interconnexion mondiale : S'informer sur les problèmes mondiaux et chercher des moyens de contribuer aux solutions. Par exemple, rechercher et soutenir des organisations qui œuvrent en faveur de la durabilité environnementale ou qui apportent une aide aux communautés dans le besoin.

(5) Cultiver un état d'esprit de croissance : Recherchez en permanence des opportunités d'apprentissage et considérez les défis comme des occasions de croissance. Par exemple, inscrivez-vous à un cours en ligne ou rejoignez un club de lecture pour élargir vos connaissances et vos perspectives.

INDEX

conditionnement culturel, 9

conditionnement sociétal, 41, 75

confiance, 27, 28, 31, 35, 39, 40, 57, 58, 59, 60, 61, 64, 65, 67, 68, 69, 72, 73, 74, 75, 77, 79, 80, 82, 83, 89, 98, 100, 101, 112, 113

confiance inébranlable, 75

confusion, 2, 56, 59

connaissance, 13, 48, 49, 59, 64, 66, 89, 94, 104, 111, 114, 126

connaissances, 40, 42, 44, 125, 126, 128, 136, 137

connexion, 29, 33, 38, 39, 55, 59, 61, 70, 85, 116, 129, 130

connexions authentiques, 41

consacrer du temps à la réflexion et à la pratique, 133

conscience, 6, 7, 9, 12, 16, 20, 21, 22, 23, 24, 26, 34, 56, 60, 63, 64, 89, 90, 92, 94, 103, 104, 111, 114, 117, 127, 129, 130, 131, 132, 133, 135

conscience de soi, 34, 94, 104

conscience élargie, 129, 130

conscience ouverte et réceptive, 103

conscience plus profonde, 129

conscience sans jugement, 6

conscient, 25, 40, 46, 63, 101, 107, 122, 124

conseils d'experts, 43

conseils empathiques, 112, 113

conseils personnalisés, 32

consommation excessive d'alcool, 91

constructif, 122

constructions mentales, 22, 27, 28, 29

constructives, 6, 7

contemplation, 127

contextes différents, 81, 82

continuer à aller de l'avant, 128

contourner les limites de la pensée conditionnée, 23

contribuant, 8, 45, 91

contribuer, 4, 5, 6, 9, 13, 21, 33, 57, 76, 91, 95, 100, 105, 112, 130, 133, 136, 137

contribution, 4

contribution au monde, 4

contrôler, 15, 30, 35, 37, 77, 113, 117

conversation avec quelqu'un, 105, 119

conversations de qualité, 116

conversations thérapeutiques, 41

conviction que vous êtes capable de changer, 97

corps, 33, 35, 47, 49, 56, 59, 60, 106, 110, 112, 113, 116, 129

cours, 11, 13, 21, 22, 25, 34, 60, 63, 85, 89, 98, 107, 110, 125, 126, 128, 131, 137

cours de yoga, 34

courte pause, 107

courts intervalles de non-pensée, 34

créativité, 56, 113, 129, 131

crée des opportunités de collaboration et de soutien mutuel, 107

créent de la souffrance, 3

créer un environnement calme et paisible, 27

créer un espace, 5, 32, 40, 56, 58, 137

créer un impact durable, 133

créer un impact durable sur le monde, 133

créer un lien énergétique fort avec le miracle, 72

créer un sentiment de calme et de clarté, 21

Créez des routines et des rituels quotidiens, 118, 119

croire que les choses vont s'arranger, 68

croissance, 5, 11, 16, 24, 25, 26, 42, 44, 45, 46, 65, 84, 104, 126, 127, 130, 131, 136, 137

croissance personnelle, 45, 136

croissance spirituelle, 5, 24, 25, 26